회 원 · 제29집

 강덕순
 강동기
강문규
 강에리
 강용숙

 강인숙
 강춘기
 경대호
 고산지
 고안나

 고창표
 공정식
 곽광택
 곽노운
 곽병희

 곽종철
 구춘지
 권순악
 권영호
 권오견

권화이
 금동건
 기 청
 김건배
 김관식

김기순
 김낙연
김남구
 김남희

(사)한국시인연대

회 원 · 제29집

| 김효겸 |  노민환 |  노연희 |  노준현 |  도경회 |

| 로 담 |  류순자 |  류재상 |  리창근 |  맹숙영 |

| 맹인섭 |  모상철 |  문영이 |  민수호 |  박근모 |

| 박달재 |  박대순 |  박래흥 |  박명희 |  박미자 |

| 박상렬 |  박상진 |  박숙영 |  박연희 |  박영숙 |

박영순　　박영춘　　박일소　　박준상

(사)한국시인연대

박진남	박찬홍	박현조	박화배	박희익
배갑철	배동현	배종숙	백덕순	백성일
변보연	서병진	서정원	성진숙	성후모
손귀례	손병기	손수여	손진명	송봉현
신동호	신사봉	신선진	신영운	신윤호
심종은	안병민	안숙자	안연옥	

회 원 · 제29집

안재찬	 양은진	 양지숙	 엄원용	 오낙율
 오병욱	 오재열	 오칠선	 오현철	 오희창
 우성영	 우태훈	 원수연	 유경환	 유나영
 유양업	 유연주	 유인종	 윤명학	 윤한걸
 이근구	 이근모	 이근우	 이기종	 이만수

이명림 이명우 이목훈 이병철

(사)한국시인연대

회 원 · 제29집

장문영　장병민　장영옥　장인숙　장현기

전관표　전석홍　전순선　전윤동　전현하

정상원　정성채　정수영　정순영　정영의

정정순　정종규　정주이　정진덕　정하경

정홍성　조경순　조덕혜　조병서　조재화

조정일　조혜식　조홍규　진진욱

(사)한국시인연대

차경섭	 차영규	 채규판	 채명호	 채선엽
 채수황	 최경순	 최광호	 최병극	 최병륜
 최상고	 최영순	 최완욱	 최유진	 최정수
 최정순	 최진만	 최홍규	 최형윤	 추경희
 추영호	 표애자	 하성용	 한 빈	 허만길

현형수　　홍경흠　　홍계숙　　황귀옥　　황정옥

(사)한국시인연대 2019

한국시인연대 사화집 제29집

한강의 설화
說　話

한강

발간사

(사)한국시인연대 사화집 제29집을 발간하며

　창세기는 "태초에 하느님이 천지를 창조하시니라"로 시작된다. 창조創造의 창創은 '생명의 없음[無]에서 있음[有]'이 되는 것을 의미하며, 조造는 '짓다'의 뜻이다. 그렇다면, 창조의 의미는 '생명을 짓다'이며, 하느님이 창조하신 천지天地는 '생명의 집'이라고 할 수 있다. 창조는 하느님만의 특권이므로 사람의 짓는 일은 창작創作이라고 한 것이다. 그러니까 사람에게 창創의 특권은 주어졌지만, 조造의 특권은 작作으로 바꿔 주신 것이다. 그래서 인간은 창작創作의 특권을 갖게 되었고, 예술藝術을 하게 된 것이다. 모든 예술 작품은 사람이 지은 영혼의 집이다.
　"시는 이미지이다"라는 말은 시의 형식적인 정의다. 신神의 체험을 어떻게 형상화하여 보여 주느냐 하는 물음에 대한 답이다. 신의 체험은 지식이나 사상이 아니다. 지식이나 사상이라면 설명이라는 형식을 통해 이해할 수 있다. 그러나 종교나 예술은 이해가 아니라 느낌이며 체험이다. 종교의 교리를 이해함으로써 종교적 체험을 할 수는 없다. 마찬가지로 음악이나 미술이나 시도 이해하는 것이 아니라 느끼는 것이다. 감동이며 교감이다. 시인은 시를 음악처럼 느끼게 하기 위하여 청각적 이미지를 만들고, 미술처럼 느끼게 하기 위하여 시각적 이미지를 만든다. 시인은 이미지를 만드는 사람이다.

사람은 살아가면서 많은 체험을 하게 된다. 그 체험들은 사라져 없어지는 것이 아니라 우리의 기억의 창고 속에 저장된다. 이것을 심리학에서는 무의식이라고 한다. 시인은 이 무의식 속에 묻혀 있는 체험들을 살려서 이미지로 만든다. 그래서 과거의 경험과 현재의 지각이 결합하는 것이 바로 이미지가 되는 것이다. 결국 시인은 이미지를 만드는 사람이다. 'poet'이란 말이 만드는 '사람maker'이라는 어원을 가지고 있다는 것도 이런 뜻에서 이해할 수 있다.

우리가 어려운 난관 속에서도 진흙을 딛고 일어서는 연꽃처럼 시의 꽃을 피우는 것은 우리의 세계를 긍정하고 사랑으로 화합하는 시대로 나아가기 위한 것이다.

이처럼 전국의 시인으로 선도적인 활동을 하고 계시는 일천여 명의 (사)한국시인연대 회원 여러분들로부터 2019년도 사화집 제29집 원고를 청탁하여 제한된 기일 내에 제출해 주신 시인들의 작품만을 등재하였다.

한국시인연대가 (사)한국문화예술연대의 시분과로서 자리잡기까지 모든 활동을 적극 도와주시는 한국문화예술연대 최광호 이사장님의 열정에 뜨거운 박수를 보내 드린다.

앞으로도 (사)한국시인연대 회원 여러분들의 끊임없는 참여와 아낌없는 후원과 열성을 부탁드린다. 언제나 건필하시고 가내 행복이 가득하시기를 기원드린다.

2019년 12월
(사)한국시인연대 회장 박현조

목차

발간사　박현조

강덕순	능소화 외 1편/	23
강동기	거울 외 1편/	25
강문규	송가인·1 외 1편/	27
강에리	중독 외 1편/	29
강용숙	계단에 피운 꽃 외 1편/	31
강인숙	밤 해안 외 1편/	33
강춘기	구름 외 1편/	35
경대호	노래 속의 눈물 외 1편/	37
고산지	청맹과니 외 1편/	39
고안나	가야금 외 1편/	42
고창표	오솔길 외 1편/	45
공정식	그리운 그 사람·110 외 1편/	47
곽광택	삶의 터전 외 1편/	50
곽노운	가을이 온다 외 1편/	52
곽병희	볼록 거울 사랑 외 1편/	54
곽종철	바람은 길이 없다 외 1편/	56
구춘지	불일암을 가다 외 1편/	58
권순악	살구꽃 외 1편/	60
권영호	설악의 가을 외 1편/	62
권오견	매미 외 1편/	64
권화이	그대 잊지 마오 외 1편/	66
금동건	농 짙어지는 가을 외 1편/	68
기　청	빠루와 패스트푸드 외 1편/	70
김건배	참사랑 외 1편/	74
김관식	부엉이 외 1편/	76
김기순	정점에 이른 사랑 외 1편/	78
김낙연	나무꾼 이야기 외 1편/	80
김남구	겨울 호숫가 외 1편/	82

84 /능소화 외 1편	김남희
86 /중앙공원의 봄 외 1편	김동석
88 /천둥 사우나·2 외 1편	김동선
90 /한 그루 백련화 피우기 위해 외 1편	김동애
92 /텃밭 외 1편	김명자
94 /벚꽃이 피면 외 1편	김복만
96 /가을에 외 1편	김봉겸
98 /다듬잇돌 외 1편	김부치
101 /길 위에서 외 1편	김사달
103 /하모니카 외 1편	김서연
106 /이카루스와 종이학 외 1편	김석태
108 /꿈나무들 외 1편	김선례
110 /문화동 센트럴 칸타빌 외 1편	김선옥
112 /오산역에서 외 1편	김선우
114 /촛불로 거리를 태우다 외 1편	김성일
116 /돈의 일생 외 1편	김성화
118 /도담삼봉 외 1편	김순녀
120 /긴 머리 외 1편	김순희
122 /항해 외 1편	김연하
124 /내가 지은 집 외 1편	김영천
126 /주왕산 가을 외 1편	김옥녀
128 /청치마 외 1편	김용길
130 /새해 아침 외 1편	김일성
132 /화해 외 1편	김임자
134 /해읍에서 외 1편	김종기
136 /꽃비 외 1편	김주옥
138 /마포나루 외 1편	김지영
141 /뇌성 속의 한길 외 1편	김태수
143 /가을 길 외 1편	김태자
145 /가을 문턱 외 1편	김현태

(사)한국시인연대

목차

김효겸　달력과 인생 외 1편/ 147
노민환　눈물 보따리 외 1편/ 150
노연희　계국 외 1편/ 152
노준현　어머니의 삶 외 1편/ 154
도경회　여름날 외 1편/ 156
로　담　옥룡 동백림 외 1편/ 158
류순자　대청호에서 외 1편/ 161
류재상　눈 오는 밤에 외 1편/ 164
리창근　벌초 외 1편/ 167
맹숙영　어느 달밤 이야기 외 1편/ 169
맹인섭　감꽃 목걸이 외 1편/ 171
모상철　먼 길 외 1편/ 174
문영이　묵은 고백 외 1편/ 176
민수호　시인의 시 외 1편/ 178
박근모　죽서루 외 1편/ 180
박달재　몇 살이냐고 외 1편/ 182
박대순　분노 없는 국경선 외 1편/ 184
박래흥　이별은 죽음인데 외 1편/ 186
박명희　아기 바구니 외 1편/ 188
박미자　평행선의 미로 외 1편/ 191
박상렬　장닭 외 1편/ 193
박상진　바다·15 외 1편/ 195
박숙영　비언어적 생 외 1편/ 197
박연희　살아온 흔적 외 1편/ 200
박영숙　황혼 외 1편/ 202
박영순　사랑은 외 1편/ 204
박영춘　호수에서 산은 외 1편/ 206
박일소　목련꽃 외 1편/ 208
박준상　그림자·71 외 1편/ 211
박진남　달빛 외 1편/ 213

(사)한국시인연대

215 /운평선 외 1편　박찬홍
217 /아내의 사다리 추석 외 1편　박현조
219 /파시 외 1편　박화배
222 /관리기 외 1편　박희익
224 /내가 밉다 외 1편　배갑철
226 /가시라! 꼭 혼자 가시라 외 1편　배동현
229 /마음꽃 외 1편　배종숙
231 /길동무 외 1편　백덕순
233 /낚시터 터줏대감 외 1편　백성일
235 /나그네 웃음 외 1편　변보연
237 /고성찬가 외 1편　서병진
239 /개망초 외 1편　서정원
241 /뉴스를 보다가 외 1편　성진숙
243 /그림의 바람 외 1편　성후모
245 /그리스인 조르바 외 1편　손귀례
248 /재미있게 사는 세상 외 1편　손병기
250 /업장 소멸 외 1편　손수여
252 /가을의 미소 외 1편　손진명
254 /시인 외 1편　송봉현
256 /봄 소식 외 1편　신동호
258 /끈 외 1편　신사봉
260 /우리 아이들 외 1편　신선진
262 /잃어버린 우산 외 1편　신영운
264 /자연으로 가는 길 외 1편　신윤호
267 /당신은 나의 꿈 외 1편　심종은
269 /고향 외 1편　안병민
271 /비 내리는 날 나비 한 마리 외 1편　안숙자
273 /수련과 같은 외 1편　안연옥
276 /첫 발자국 외 1편　안재찬
280 /라오스 폭탄마을 외 1편　양은진

목차

양지숙	꽃눈 외 1편/ 282
엄원용	고향 집 외 1편/ 284
오낙율	연꽃 외 1편/ 286
오병욱	가다 보면 안다 외 1편/ 289
오재열	가을비를 맞으며 외 1편/ 291
오칠선	민족의 얼 백두산에서 외 1편/ 293
오현철	농촌 골목길 외 1편/ 295
오희창	태양 외 1편/ 297
우성영	시골 장날 외 1편/ 299
우태훈	장가계 외 1편/ 301
원수연	푸른 날 푸른 시조 외 1편/ 304
유경환	곰바위 옛 노래·1 외 1편/ 306
유나영	꽃밭 외 1편/ 309
유양업	가족 나들이 외 1편/ 311
유연주	탄광 외 1편/ 313
유인종	춤추는 베네치아 외 1편/ 316
윤명학	산딸기 외 1편/ 318
윤한걸	나는 누구인가·183 외 1편/ 320
이근구	삶 외 1편/ 323
이근모	날이 새면 외 1편/ 325
이근우	경계 없이 외 1편/ 327
이기종	그 언덕에 가고 싶다 외 1편/ 329
이만수	나(i)+너(you)=이익(income) 외 1편/ 331
이명림	자화상 외 1편/ 333
이명우	산골 풍경·890 외 1편/ 335
이목훈	기다림 외 1편/ 337
이병철	그 지난날의 수채화 외 1편/ 339
이상익	예수를 놓치다 외 1편/ 341
이성남	천도 외 1편/ 343
이순우	나는 우둔한 광대 외 1편/ 345

348 /그대를 만나던 날 외 1편	이영순
350 /바람의 침술 외 1편	이우림
352 /기백 외 1편	이원상
354 /슬픈 짝사랑 외 1편	이은협
358 /술잔과 마주하다 외 1편	이인오
360 /회상 외 1편	이재곤
362 /감사드리는 마음 외 1편	이재성
364 /백발의 꽃송이 외 1편	이재흥
367 /봉숭아 추억 외 1편	이정님 이룻
369 /눈 내리는 대승사 외 1편	이정록
371 /타임머신을 타고·2 외 1편	이정자
373 /곡비 외 1편	이제우
375 /뒤돌아본 세월 외 1편	이종문
377 /산오름 외 1편	이종수
381 /작은 들꽃 외 1편	이지선
383 /세월이 떨구고 간 것은 외 1편	이지언
385 /이슬 외 1편	이진석
387 /생각하며 외 1편	이창한
389 /그 사이 외 1편	이처기
391 /새 이웃 풍경 외 1편	이한구
393 /그런 세상 외 1편	이한식
395 /어둠의 나신 외 1편	이형환
397 /하나 속에 하나 외 1편	이호정
399 /세상 이치 외 1편	임제훈
401 /계절의 교차로에서 문득 외 1편	임 향
403 /산이 좋아라 외 1편	장동석
406 /다정한 친구 외 1편	장문영
408 /순간 속으로 외 1편	장병민
410 /화담숲 분재 외 1편	장영옥
412 /봄의 숲 외 1편	장인숙

(사)한국시인연대

목차

장현기	산다는 것이·88 외 1편/	415
전관표	가을밤 외 1편/	417
전석홍	엄마 사랑 외 1편/	419
전순선	바람의 희로애락 외 1편/	421
전윤동	할미꽃 외 1편/	423
전현하	하구에서 외 1편/	425
정상원	그 꿈틀임 외 1편/	427
정성채	갈대 외 1편/	429
정수영	꽃·3 외 1편/	431
정순영	눈부신 빛 속에서 외 1편/	433
정영의	탄생의 기쁨 외 1편/	435
정정순	효심 외 1편/	437
정종규	2018 평창 외 1편/	439
정주이	오월의 눈물 외 1편/	441
정진덕	굴비 외 1편/	445
정하경	치사한 비/	447
정홍성	청령포에서·1 외 1편/	448
조경순	미세먼지 외 1편/	450
조덕혜	기도 손 외 1편/	453
조병서	시인 외 1편/	455
조재화	산책 외 1편/	457
조정일	추석 외 1편/	459
조혜식	나의 시 외 1편/	462
조홍규	예술의 거리에서 외 1편/	464
진진욱	수평선의 아침 외 1편/	466
차경섭	아리랑·1 외 1편/	468
차영규	얄궂은 탑 외 1편/	470
채규판	지폐 외 1편/	472
채명호	춘경 외 1편/	474
채선엽	엄마의 손 외 1편/	476

(사)한국시인연대

478 /허공 외 1편　　채수황
480 /스무 살의 겨울 외 1편　　최경순
483 /외로운 그대는 외 1편　　최광호
486 /복 있는 자 외 1편　　최병극
488 /빌 곳조차 잃을라 외 1편　　최병륜
490 /바다의 희롱 외 1편　　최상고
492 /목련 외 1편　　최영순
494 /폐북 친구　　최완욱
495 /원주천에서 외 1편　　최유진
497 /다원동에서 외 1편　　최정수
499 /야생화 외 1편　　최정순 박천
501 /멋대로 뻗는 것이 자유냐 외 1편　　최진만
503 /텃밭에서 외 1편　　최형윤
505 /2020년 외 1편　　최홍규
508 /내가 만약 외 1편　　추경희
511 /기생초 꽃 피다 외 1편　　추영호
514 /아버지 사랑 외 1편　　표애자
516 /태백산 산행 외 1편　　하성용
518 /완도항 외 1편　　한 빈
520 /꽃 한 송이 외 1편　　허만길
522 /마음의 여백 외 1편　　현형수
524 /황량한 벌판에 서다·1 외 1편　　홍경흠
527 /벤치의 두 여인 외 1편　　홍계숙
529 /어머니 외 1편　　황귀옥
531 /겸손의 회복 외 1편　　황정옥

한국시인연대상 운영에 관한 세칙
한국시인연대 제15대 임원

(사)한국시인연대 2019

한국시인연대 사화집 제29집

한강의 설화
說 話

능소화 외 1편
― 양반꽃

강 덕 순

한 많은 사연을 가슴에 묻고
달밤이면 그림자라도
행여 발자국 소리라도
오매불망 가슴만 태우네

주홍빛 사연에 슬픔을 묻고
소리 없이 웃는 저 모습
기품 있는 도도한 자태
시들지도 못하고 툭 떨어져 내리면

꽃송이 송이마다 눈물을 담아
고샅길 어귀에 주렁주렁 매달고서
두 귀를 쫑긋 세운 기린 목 되었네
올봄에는 행여 오실까!

복수초

봄바람 살랑살랑
양지바른 언덕 위에
방긋방긋 웃으면서
노랑 얼굴 화알짝

누구보다 먼저 자랑하고파
부지런 떨고 나왔구나
노랑 얼굴 화알짝

긴 긴 겨울밤 지새우고
손꼽아 기다리던
노랑 얼굴 화알짝

고맙고 반가워 어서 와
보고픈 얼굴에 입맞춤
가슴은 콩닥콩닥
노랑 얼굴 화알짝

거울 외 1편

강 동 기

너 아니면
어이 나를 알랴

내가 웃어야
웃는다.

시인

사람과 사람 사이에
꽃을 심는다.

송가인 · 1 외 1편

강 문 규

나는 가인이를 좋아해요
참 좋아해요

이 세상에 단 하나밖에
둘도 없는 국민의 이쁜 딸
송가인 너무너무 이뻐요

지금 지구촌 곳곳엔 '뽕 따러 가세~'가
눈부시게 열풍이지요

부르면 어디든 달려가 힘껏 발휘하는
능력에 힘찬 박수를 보냅니다

가인은 늘 정답고 성실한 효녀입니다
예쁘고 귀엽고 사랑스럽고
그야말로 리얼리즘의 극치입니다

난 언제나
가인의 가무에 도취되어
늦마음 힐링합니다

진도가 낳은 고명딸
우리 모두의 기쁨이고 사랑입니다.

송가인 · 2

2019년 1대 미스트롯 진
'송가인' 이어라

그녀는 팬들의 박수갈채 속에
에너지 사랑을 지상에 날린다

뽕 따러 가세~
단장의 미아리고개, 한 많은 대동강아 등등…
심금을 울려 주는 주옥같은 수많은 곡들

조용히 눈을 감고 듣고 있노라면
칩거하던 외로운 날들도 한순간
날아가 버리고 어느새 그녀의 매력에
푹 빠져든다

내 영혼은 그녀의 마성 같은
열창 속에 침잠하면서
점철이듯 생기가 나고
절로 흥이 솟아오르는 걸 느낀다

그리고 가슴 깊은 곳에서 솟아오르는
기쁨과 미소는 더할 나위 없는 인생의
즐거움이어라.

중독 외 1편

강|에|리|

너는 꽃으로 다가왔지만
꽃이 아니다
아름다운 미소에 중독되어
나는 산 채로 야위어 간다

네 꽃받침 밑에는
달콤한 음모가 숨어 있구나
꿈인 줄 알면서도 깨지 못하는 나는
가위 눌린 새처럼 가슴 졸인다

너를 떠나지 않는 한 다시 날지 못하리
그러나 붙잡고 있는 것은 네가 아닌 나

이 불가사의한 집착,
끊을 수 없는 슬픈 중독
나를 보내신 그분의 이름마저
차마 부를 수 없는….

죽음의 무도

따듯한 봄바람 타고
날아갈 때까지
너는 네가 거미인 줄 몰랐다

고치를 만들 실로
그물을 짜면서도
나비가 될 줄 알았다

포식자가 된 후에도
달이 뜨는 밤마다
날아오르는 꿈을 꾸었다

아름다운 것을
사냥해야 하는 천형을 안고
눈물로 하늘에 그물을 쳤다

이른 아침
사냥이 시작되기도 전에
펼쳐진 죽음의 무도

어미새의 먹이가 되어
마침내
슬픈 원죄의 마침표를 찍었다.

계단에 피운 꽃 외 1편

강 용 숙

메마른 계단에 꽃 뿌리
봄소식 듣고 피운 꽃은
힘겨운 계절 다 보냈다
웃음 웃으며 앉아 있네

저 공원에 피울 곳 있어도
발창에 밟힐까 돌계단 틈에
살아온 아픔의 사연을
헤아리지 못하는 꽃잎으로

한 방울 이슬도 얻기 힘든 곳에 핀 꽃도
향 풍겼는지 호박꽃 안 피웠다고
나비 춤추며 오고 꿀벌 노래 부르며 와
조금 있을지 모를 단물 먹고 화분 가져가려고
다 찾아봐도 없으니 날개 털며 가네

그 꼴을 본 꽃은
만사 귀찮아 오므리면서도
다시 못 볼 춤과 노래 그리워
계단에 피운 꽃은 달 없는 밤도 기다리지만.

홀로 온 잎

하루의 내 삶에
산 굽잇길 걸음을
어둠이 멈추게 하고
슬레이트로 하늘 가린 자리에
머무르게 하네

캄캄한 밤 모기들 사람 찾아다니듯
내일의 삶을 두 발로 걷기 위해
입에 몇 수저 넣다 보니
산경은 곁을 떠나고
개울 울음이 나를 더 외롭게 하고

눈뜨고 지새우는 마음 알았을까
달이 산 위를 걸어가며
잎 하나로 솟으며 청산 짓고 살다
하나로 지니
홀로 온 푸른 잎이오! 홀로 지는 낙엽이라 하네!

밤 해안 외 1편

강│인│숙

은하수 고여 있는 비녀
초승달 관 얹힌다
곳곳 별 꽂힌다
반짝임의 태

우주의 신호음 들린다
물이 있는 행성들
설렘들이 도착한다
우주 속 생명체들의 신호음
파도 소리 쉼 없이 번역한다

얇디얇은 검은 베일
잔바람 나부낌에
눈부심 흘러내린다

자갈들의 탄성이
모래밭의 숨죽임이
갯바위의 발돋움이
유성의 긴 빛에 들키고 있다.

밤바다

쏴아아, 쏴아아
지구 생성 이전의
몇억만 광년
영원이라 할 수 있는 시간들이
마법처럼 도착한다

일정한 맥박의
흥분한 물결이
빛의 기둥들을
안아 본다

광대한 시간의 면면
광활한 이야기만 듣다가

작은 행성
찰나의 생이지만
사랑하는 사람을 만나고
사랑하는 사람을 잃고

쏴아아, 쏴아아
물결이 해안 모래밭을 짚고
어깨를 들먹이며 오열한다
너무나 닮은 사랑이 있어.

구름 외 1편

강│춘│기│

하늘에 목화를 심었을까
솜을 닮은 뭉게구름 양떼구름
구름은 바람 타고 장불재 억새밭에 내려와
꺼병이 추울까 봐 솜이불 덮어 주고
구름방석 깔고 토끼 노루 화전놀이 할 제
먹구름은 사흘 굶은 시어머니 속 검댕이다
지옥문 빗장이라도 풀려나 용트림하는 천둥소리
노아의 홍수※도 바람과 구름이 이룩한 천지개벽이었으리
바람이 구름에 채찍질하여 달리며 흩어져도
고운 님 오시라고 노둣돌을 놓느니
구름은 우주가 보내주는 전령이나 보다.

※〈창세기〉 7~8장, 수메르 '점토판'의 홍수 얘기에는 '노아'를 '노악흐'로 표기되어 있다.

빨간 색연필

네 몸을 감고 있는 두루마리를 벗기고 나면
지구의 심장이라도 뽑아 올린 듯한 속살은

용광로에서 쏟아져 내리는 쇳물인 양
뜨겁게 흘러 철봉이 되고 강판이 되고
새벽 고요 갈라놓는 범종이 된다
철마는 유라시아 대륙을 달리고
배들은 오대양 육대주의 바닷길을 오가고
인공위성이 하늘 어지럽히는데

네 붉은 심으로
학생들은 공부하다가 중요한 곳 밑줄 치고
열십자를 그리며 박애정신으로 세상을 구하는 적십자 깃발
119를 그리며 위급할 때 도움과 구조를 받고
모든 슬픔을 견뎌낸 온유함인데
너는 불을 먹고 태어났나 보다.

노래 속의 눈물 외 1편

경 대 호

끊임없이 샘솟는 울적한 마음
노래와 함께 흐른다
어느 굽이에 이르러
영혼은 목이 메인다

노래 속으로부터
추억이 얼굴을 드러내면
어느새 눈물 못에 빠져든다

노래도
그 노래
사람도
그 사람이건만

세월 따라 무엇이 달라졌기에
오늘
저 노래를
눈물로 듣는가.

뚝배기 속에 끓인 시詩

순수한 한 알의 정精을 얻기 위해
투박한 질그릇 하나 골라
정화수에 깨끗한 마음 넣어

정성의 불을 지피고
끓이고 또 끓였네

허섭스레기는 녹아내리고
시간은 졸아서
작은 알갱이 몇 개 남아

이 알갱이
시로 태어났네.

청맹과니 외 1편

고 │ 산 │ 지│

사물을 알아보는 마음과 눈이 멀어
계란으로 바위를 깰 수 있다며

자기 뜻이 아니면 틀렸다 주장하네

중소상공인 어려움 알고 있다며
저녁이 있는 삶 만들겠단 그들이

소득주도성장 정책으로
두자리 수 최저임금 인상하더니

주 52시간 근무제 실시로
민중의 삶을 절벽으로 몰아가네

작은 그릇에 큰 그릇 담을 수 없고
홍두깨로 소를 몰 수는 없네

견강부회牽强附會로
사실을 왜곡할 수 있지만

진실을 진리를 바꿀 수가 없네

불의不義는 참아도

불이익不利益은 참지 못해

바닷물에 배가 뒤집힌단 사실을
그들만 모르네, 모르고 있네.

색色 즉即 공空

기운氣運 빠졌다고
없어진 게 아니지

잠시 힘이 들어
숨죽여 있는 게지

봄날이 간다고
사라진 게 아니지

여름의 열기에
잠을 자고 있는 게지

하늘의 섭리는
대지의 변화는

없어진 게 아니지
소멸된 게 아니지

쉼과 움직임의 파장에 따라
날마다 새롭게 느껴질 따름이지.

가야금 외 1편

고 안 나

하고 싶은 말 너무 많아
열두 개 입 가졌지
한 개의 공명통
오동나무 심장에는
소리들 숨어 있어
열두 줄로 말하지
희미한 기억 깨우며
공명통 열고 나오는 소리들
멈춘 바람이다가
다투는 구름이다가
파닥이는 날개였다가
허공 뚫고 올랐다가
아, 황급히 날아 사막 넘다가
뜨거운 모랫바닥 추락하다가
당신 손에 잡혀
나 목청 가늘어졌지
무엇 때문 우는지
무슨 일로 웃는지
아슬아슬한 줄에 잡혀 생각중이야
여전히 뜨거운 피
당신 마음 훔치고 있지
열두 줄 떨림 위
위태위태 꽃 피우는 현의 말

팽팽한 긴장감 쥐었다 놓았다
기러기 발 가진, 나는.

빈 깡통 몸으로 울었다

바람의 악다구니 견디다 못해
빈 깡통 하나 몸으로 운다
길 떠나던 낙엽들 덩달아 운다
텅 빈 아스팔트 위
어둠이라는 큰 새 한 마리
세상 점령한 채 침묵 삼키고 있다
몸속 빛의 일부 남겨 두었던 가로등
가물거리다 숨 거둔다
털어도 털어낼 수 없는 어둠
어두침침한 그믐달 알겠다는 듯
마지못해 벗은 나뭇가지에 걸렸다
언제 집 밖으로 나왔는지
누가 속을 털어 갔는지
빼앗긴 그 무엇보다
입 맞추었던 달콤한 기억
도저히 잊을 수 없는 듯
슬픔 토해내는 소리
껍데기를 위한 진혼곡일까
바람의 발자국 다가올수록
아무것도 모른 채 함께 우는 밤
떠나 버린 귀뚜라미는
어디로 갔을까.

오솔길 외 1편

고│창│표│

길게 늘어선 길 따라가다 보면
여기저기 널린 작은 길 셀 수 없는데
혼자나 둘이서 오붓이 거닐
외진 길, 발길 뜸한 오솔길 하나
눈에 익지 않아서야

그동안
앞이 훤히 트인 큰길에 들어서면
제한 속도 탓하며 막무가내 내달리려 했것다
갈빗대 꺾듯 샛길 다 걷어내
막힘없이 드넓게 뻗친 길
씽씽 달려나갈 때 언제
토라져 모롱이로 외돌아 섰거나
숲속으로 호젓이 숨어들어 간
좁디좁은 길에다 눈길이나 한번 주었던가

이제는 마음서부터
내팽개쳤다가 참 오랜만에 내키게 된 게지만
맨발에 바지 둥둥 걷어올려 가뿐한 품새로
도시 소음이 닿지 않는 숲으로 도란도란 거닐려나
가슴에서 또 가슴속으로
샛길 나붓나붓 훤히 뻗어 나가고
묵은 외돌토리 꼬부랑길 생기 돌도록.

촛불

검붉은 한 자루 촛불 심지로
녹아드는 촛농이 넘쳐 굳기 전에
번개처럼 스치다 잘린 별똥별 꼬리가 탄다
뜨겁고 훤하게 타고 타다
합장한 손 뼈마디를 빛으로 못다 태워
별 볼 일 없는 운석으로 한적한 데 숨어든다
활활 타던 장작더미 잿불에 숯덩이로 사그라지듯이

촛불 끌 때마다 심지 다듬기는
몸에 밴 경험지의 당연한 이행
밤하늘에 밤빛 출렁일수록 초 조심은
불길한 상상력의 필수 제어장치
촛불에 델라
촛농에 얼룩질라.

그리운 그 사람·110 외 1편
―송연우 시인님

공│정│식│

서정시抒情詩가
숨 쉬는 송연우 시인詩人의 집

아침 햇살 퍼지는 창가
칠순七旬의 하얀 가슴
곱디고운 심성으로 시를 쓰는 모습
천사같이 아름다운 서정抒情을…
고이고이 접은 시인의 향긋한 내면의 세계

언제나 자애로움이
천년토록 그리움 같습니다

시의 음률이 하얗게 번지듯이
송 선생님 옥토 같은 마음을 봅니다

송 선생님!
언제나 잔잔하신 미소
침묵으로 먼발치에서 지켜보시며

눈동자는 보석으로 반짝이며
마음은 진토 속에 금옥金玉였습니다

송 선생님!

시의 품격에 윤기가 흐르고
다듬어진 인생 정겹고 흥겨운
시에 묻어나는 심성을 봅니다
송연우 시인님이시여!

현대는

팽배해 가는 산업화産業化에
인간성은 상실되어 가고

급변해 가는 사회현상에
가치관은 사라져 가고

미풍양속美風良俗 윤리도덕은
아스팔트에 떨어져 가고

이성이 도전을 받은 현실
인간 본능 만족만을 위해 가고

향락주의享樂主義에 날뛰는 현실
어쩌다가 이골일까

내
비록 치국군자治國君子는 못 될지언정

수신제가修身齊家에 작은
마음의 뜻을 두고 살자.

삶의 터전 외 1편

곽광택

바다보다 넓은
그리움으로
마음을 열고
빈 가슴을 열며
하늘을 본다

기다림에 지친
그리움이 있듯이
저마다 마음을
달래며 풍성한
마음을 열자

믿음은 마음에서
서로 소망하고
그리워하는
기다림으로
진실을 배워 가며
사랑을 한다는

말 한마디 서로가
가슴을 비우고
마음도 비우자.

사랑의 그림자

그리울 때 눈감으면
별을 봐도
달을 봐도
슬프지 않다

가슴을 비우고
사랑을 노래하고
허우적거리는
외로움

님을 향한
사랑의 그림자
터질 것 같은
그리움.

가을이 온다 외 1편

곽 노 운

바람에 묻혀 가을이 온다
여름 매미 소리 찍어 멀리 보내고
진한 가을볕 벌판에 쏟아 놓는다
나뭇잎에 색을 묻혀 놓는다
바람에 묻혀 몸을 흔들며
꽃들은 피어난다
산사의 노승 목탁 소리에
가을은 익어 간다
아, 가을이구나.

잡초

비를 맞으며
바람에 흔들리며
잡초의 꽃은 피어나겠지

오는 세월 반기며
가는 세월 슬퍼하며
잡초 꽃들은 피어나겠지

잡초 꽃도 꽃이다.

볼록 거울 사랑 외 1편

곽|병|희|

그의 사랑은 항시 넘쳐 있다
행여 당신의 부족한 시야로
차선 변경과 방향 전환의 해를 입을까 염려한다
평면의 깎은 사랑으로 부족하다고
2차선의 사이더 미러는 1차선 너머까지
저 삼거리의 거울은 양쪽 길을 듬뿍 내어 준다
고봉밥의 덤, 배고픈 시절은 지나갔지만
정성이 많이 허기지는 세상
듬뿍이 오늘도 운전자의 마음을 채운다.

농촌 일기 · 12
―들판의 십자가

마을 밑에 옹기종기 굽이치던
논두렁의 논들
가뭄의 허기에 시달리다가
수십 년 전에 남북으로 큰 수로가 그여
해갈하더니
이제 동서로 농로가 더해져
트랙터와 콤바인이 마음껏 드나든다
지게의 어깨가 휑하니 가볍다
가로와 세로 획이 교차하는 저 들판
순교의 두 길이 뚜렷하다.

바람은 길이 없다 외 1편

곽 종 철

산 넘어 봄소식이 올 때면
바람은 꽃길 따라오는 듯하더니
녹음이 우거지는 여름이 되면
아름드리나무도 가는 길을 막는다고
뿌리째 뽑아 버리고
가을 단풍 물들면 나뭇잎을 떨게 하고
한겨울이면 뼛속까지 파고들어
영혼조차 흔들어 댄다

산 넘고 강 건너
어디라도 다니는 바람아,
눈 하나 깜작하지 않고
무슨 짓이라도 할 수 있는 바람아,
동토凍土의 땅에는 봄을 전하고
봄이 온 땅에는 영원한 꽃이 피게 하는
성난 바람보다 웃는 바람이 되소서
가는 길이 막혀도 설령 길이 없어도
나뭇가지를 춤추게 하고
이름 모를 꽃이라도 웃게 하는
성자聖者처럼 곱게 불어다오.

옹고집

무슨 생각이라도
굴리고 굴리면
슬픔도 분노도 다 녹여
별처럼 빛나는 정의로 되나
고뇌라는 용광로가
고통과 원망을 품어 준다면서
꿈도 미래도 함께 앗아가
벼랑길로 내몰릴까 두렵네
꽃길이 아닌 가시밭길을
비단길인 양 되새김질하면서
가진 자가 베풀어야 한다고
타협과 양보는 삶의 꽃이라고
입에 침이 마르도록 외치더니
내 갈 길은 내가 간다며
루비콘강을 망설임 없이 건너네
그대 뒤엔
어두운 그림자가 드리워지네.

불일암佛日庵을 가다 외 1편

구 춘 지

대[竹]로 엮은 사립문은 열려 있다

뜨락 빈 의자에서 무언無言의 그분을 만났다
자그마한 나무의자에 앉아 보았을 하늘, 산
잠시나마 무無의 세계에 잠겨 본다

계절을 재촉하는 가을비
마른 대지를 적시고 있다
그 무엇인가 채워지지 않고
비워지지도 않는 마음

대숲 편백숲의 무소유 길을 걸으며
비 내리는 가을 숲의 운치를 만끽할 뿐.

멀어져 간 그리움

삭풍 몰아치는 이른 아침
옥당목 흰 치마 허리끈 졸아매고
설 차림 장만하러 곡식 자루 머리에 이고
잔설 날리는 산모퉁이 돌아 황톳길
이십여 리 걸어서 5일장에 간 할머니
해 저물어 땅거미 차오를 때
마중 나가 기다리던 동구 밖 길

나 먹을 것 다 먹고는 남 주어 볼 것 없다
하신, 할머니의 미소는 하얀 박꽃이다
섣달 달빛 사위어 간 하얀 별밤
어둠을 가르는 밭은기침 소리
파르르 문풍지 떨리는 소리 들려오고 있다.

살구꽃 외 1편

권│순│악

살구꽃 화사하게 피면
마음은 멀리 고향으로 달려가
밭두둑에 핀 살구꽃을 바라본다

추억 속에 피는 꽃은
언제나 지지 않는다
세월이 갈수록
곱게 더 피어난다

그리움이 있어
꽃은 더 아름답고
가고 안 오는 사람도
두고두고 잊혀지지 않는다

살구꽃은
낯선 마을에 피어 있어도
고향 마을에 피는 꽃이다
추억 속에 더 아름답게 피는 꽃이다.

참나리꽃

칠월에 피는 참나리꽃을
이른 봄부터 기다린다

다른 꽃들은 다 곱게 피어나도
숨죽이며 차례를 기다린다

세상 일 잊기도 어렵고
그리움도 잊기 어려운 일인데

오랜 기다림 끝에
주홍색 치장을 하고

고향집 마당에 피던 꽃이
어느 날 활짝 웃는 점박이 얼굴

멀리 가버린 세월이라
잊어버려도 그만이련만

추억의 한 모퉁이에서
내 발길을 잡는다.

설악의 가을 외 1편

권 영 호

하늘이 내린 선물
설악의 당단풍은
한여름 태양을 빨아들여
안으로 성숙했다

곱게 분단장한
새색시의 얼굴이 이처럼 고울까
세상 근심 모르는
아이의 얼굴이 이처럼 예쁠까

색깔도 가지가지
발길이 멈춰진다
사연이 있으면
단풍도 달라 보이는 법

저마다의 생각에 잠길
가을도 오래 남지 않았지만
가슴으로 들어온
설악의 가을은
먼 곳을 돌고 돈다.

체화정 棣華亭에서

좋은 땅 고운 인연
삼신선산 청정 햇살
가슴에 안고
다시 나고픈 사람아

생각과 생각이 어우러진
닮음의 마음
손잡을 수 없어도
한세상 함께 했으니
가슴에 쟁쟁
울려나는 진한 소리를
다시 들을 수 있을까

심장엔 여전히
배롱나무 붉디붉으니
대를 이어 가는
어짊과 공경
조심조심 그대로다

어찌 아름답지 않은가
하늘도 아껴 둔
형제애의 그리운 이름.

매미 외 1편

권오견

뒷산 울창한 나뭇가지 위로
날아든 매미 한 마리

깨끗한 죽음을 맞이하기 위하여
고음으로 밟고 가는 중음中陰 세계

나뭇잎들이 일제히 술렁이고
끝내 산등성이 전체가 울먹거린다

차가운 내 심장을 뚫고 지나간
한 줄기 불길

짧고 강렬한 생의 절규
푸드득 날아오르는 내 안의 날갯짓.

탁자

삼십 년 전 사각 탁자 한점을 들여왔다
식탁 겸 가족 회의용으로 안성맞춤 격이었다
보수주의 완벽주의를 표방하던 나에게는
더 이상 마음에 들었다
앞줄과 양 옆줄로 앉아 근엄한 내 눈치를 살피는 식구들
무슨 일이든 똑 부러지고 명백하게 해야 한다
가랑잎 지는 소리처럼 궁시렁거리는 식구들
이젠 그만 바꿉시다 아내의 떨리는 목소리
내 안의 모서리 한 귀퉁이 무너져 내린다
원탁형 식탁에 빙 돌고 있는 온기
한 송이 꽃봉오리로 피어오르는 식구들
밤하늘에 환하게 떠 있는 보름달.

그대 잊지 마오 외 1편

권 화 이

나 홀로 삭인 사랑은 영혼을 적시고
가눌 길 없는 그리움의 심연에 잠기었나니

다함없는 애달픈 정을 거두기 차마 어려워
그대 향한 사무치는 기도로 온밤 밝히는
한 여인을 잊지 마오

장미향 흩날리던 유월의 그 찬란하던 아침

못다 한 말들이 메아리 되어
겹겹이 회오리치는 그리움의 꽃잎들로
부치지 못할 긴 편지를 쓰는 여인을

새들도 깃들이지 않는
그대의 뒷모습만 아련한 언덕길에 홀로 서서
더는 드릴 마음도 없어 가슴 적시노라

그날의 장미는 덧없이 지고
사랑의 언약은 작별도 없이 잊히리니
우리는 어디서 다시 만나 머무를거나.

늦여름 소묘

여름이 쉬어 가는 꽃수 놓인 맑은 그늘
어머니 자장가 같은 아득한 저 파도 소리
한낮의 매미 울음이 문득 단잠을 깨운다.

지나던 소나기에 흙 향기 피어오르고
수줍은 뭉게구름이 노을에 곱게 물든 저녁
먼 산의 푸른 그림자 어깨동무하며 꿈에 잠기면.

여름 꽃 진 들녘 위로 길손처럼 스치는 가을이여
옅은 바람 걸리는 창에 비껴드는 그리움이여
새벽달 공연히 밝아 너 또한 나처럼 잠 못 이루리.

농 짙어지는 가을 외 1편

금 동 건

사그락
바스락
더 가까이 들려오는 소리
가을도 깊어 가고
사랑도 깊어 가니
농 짙어 가는 가을
인제 그만 놓아 주련다.

머리 위에 백발이

무작스럽게 60년을 달려오다
걸음을 멈추고 머리 위를 쳐다보니
주인처럼 앉아 있는 백발
곱디고운 청춘은 어디로 가고
백발이 거미줄처럼 칭칭 감고
마치 먹이를 사냥하는 것 같다.

빠루와 패스트푸드 외 1편
―여의도 별곡

기 청

불길에 무너져 내린
노트르담 첨탑尖塔 아래
나뒹구는 탄식 앞에서도 두 손 모아

하나가 되는 그들
저마다 자유롭고 행복한 얼굴로
흥정을 하는 장터이거나
열린 마음으로 모이는 우리
여의도 평화로운 비둘기의 광장이거나

어울려 만들어 가는
그들의 꿈 그들의 미래가
살아 숨 쉬는 곳은 광장이다

―빠루를 가져와! 놀란 비둘기,
파르르 심장이 떨고
사위어 가는 빛들의 어둠
패스트 트랙의 두 얼굴

―빠루를 가져와! 밤이 깊을수록
식욕의 눈빛은 번득이고
두 개의 얼굴 패스트푸드
선택은 순간이지만

잠시 스쳐가는 그들 몫이지만

광장은 우리
대대로 푸르른 꿈 빛을 발하는
청동靑桐의 심장인 것을.

껍데기의 껍데기는 가라
―가면들의 가면假面

껍데기는 가라

그땐 그래도
말귀 알아, 부끄럼인 줄을 알아
뻔뻔한 어둠,
몸 사리고 움츠리기라도 했지

하얀 분필 가루 날리며
야간학교 수업을 마치고 나온
병약한 신동엽이 홀로 대폿집에 앉아
독약보다 독한 소주를 마시며
껍데기는 가라

어둠은 움찔 놀라 막다른 골목
줄행랑을 쳤지
요즘 한껏 업그레이드 된 버전
교활한 뱀의 혀 앞세우고
법을 방패 삼아
새빨간 어둠의 순교자

목숨보다 더한 것 버려두고
가면들의 가면假面
텅 빈 혼령의 껍데기

밤낮이 뒤바뀐 죽은 빛들의 축제
거꾸로 잔머리 굴리고

거꾸로 덮어씌우는 어둠의 무리
텅 빈 껍데기 감싸 도는
벌거숭이들의 가면
껍데기의 껍데기는 가라.

참사랑 외 1편

김 건 배

이리저리 궁리하지 않겠소
어쩌고 저쩌고 말하지 않겠소
눈을 감고 감상도 하지 않겠소

시도 때도 없이 달려가
주고 또 줘도 못 줘서 안달이 나도록
결국엔 전부를 내줘서 바닥이 나도록
그래도 또 그래도
나의 숨소리까지 드리겠소.

2호선 여인

2호선 전동차 안에서
우연히 마주 앉은 여인

번쩍 띄게 아름다워
내 마음 훔친 여인

내 눈이 아찔하여
정신을 잃게 한 여인

보고 또 보다가
내 눈을 멀게 한 여인

두 눈 마주치자
살며시 고개 돌린 여인

아쉽게도 아쉽게도
신천역에서 빼앗긴 여인.

부엉이 외 1편

김｜관｜식

밤이다
부엉이 운다
마을 뒷산 병풍바위 위에 앉아 있을 게다
부헝, 부헝, 부헝
문풍지가 바르르 떤다
으스스
온몸에 소름
이불을 뒤집어쓴다

뒤안의 대숲
댓잎 서걱거리는 소리
등잔불이 흔들거린다
부엉이가 또 우리 집을 찾아왔는갑다
갑자기 천장에서 쥐들이 쿵쾅거린다
쥐오줌 지린내가 방 안을 확 풍겨 온다
부엉이도 운다
산마을이 숨죽이고 귀 기울인다
부헝, 부헝, 부헝.

가야 소녀

비사벌 언덕
고분
가야 소녀

박물관
유리관
속
금동관 쓴 주인 곁에
누워 있는
뼛조각

1,500년 전
닳고 닳은
무릎뼈
삐걱삐걱

내 가슴 휑한 늑골에
바람이 분다.

정점에 이른 사랑 외 1편

김 기 순

젊었을 때 사랑이
은빛 사랑이었다면
노후의 사랑은
금빛 사랑이다
아슬아슬한 남은 여정
고운 말만 써도
모자란 시간이다
상처되는 말은 하지 말자
작은 말의 상처에도
깊은 우물을 판다
다시 없는
정점에 이른 사랑
그대와 나
멋지게 살아 가자.

삶과의 타협

우리는 어쩌면
불운을 겪어 가면서
삶과 돈독해지는 몰라
누구나 한번쯤은
죽음에 대해 연구하다
삶의 발판이
되었는지도 모르지
앞날이 창창하고
방대한 인생을
미리 저당잡힐 일은 아니잖는가
언제든지 삶과의 타협이라는
기회는 열어 놓고 있어
우리는 그걸 깨달아야.

나무꾼 이야기 외 1편

김 낙 연

어머니 팔베개 베고
듣고 들었던
착한 나무꾼 이야기 선하다

그때까진
금도끼도 내 것이 아니라
나무꾼처럼 살았다

잘난 명예 위해
배워 얻은 알량한 지식 앞세워
몽땅 수렁에 처박더니

그때부터
은도끼까지 내 것이라
위선의 탈을 쓴 채 살고 있으니

아! 슬퍼라
그리운 그 시절로 돌아가
착한 나무꾼처럼 살고 싶어라.

산山

산은 제 위에도 산이 있기에
그 웅장함을 아무리 칭송해도
말없이 겸허하다

깊은 가슴을 열고
누구나 가림없이
반겨 맞으며
오름을 막지 않는다

청청 수림樹林도
형형 기암奇巖도
색색 단풍丹楓도
제 재주가 아님을 알기에
자랑치 않는다

어이없게도
사람들은 산을 밟고 올라
그 위에 산이 되려 한다.

겨울 호숫가 외 1편
―경포 호반에서

김|남|구|

고니가
회귀回歸하던 날
북풍은 미끄러지고

찰랑이던 노을
차돌[石英]로 번뜩인다

물가 갈대숲은
붙박인 채 일렁이며

야위도록 내내
세월자락 흔드는데

떼 지어 선율 짓는
물오리들의 담론에

청량淸凉한 눈을 비비는
호반湖畔의 시비詩碑들.

저기 저 배

하늘 끝자락
바다 끝 저쪽
바닷새 넘나드는 난바다를 지나
감청색 라인을 향해
가붓이 사라지는 하얀 기선을
쫓아가는 마음

아, 물결 높은 그 어느 날
요나의 가슴은 천 길로 뛰었겠지

잠든 예수를 잊은 제자들은
깊은 착각 속으로 빠져들고

풍랑을 다스리는 이는 진정
잠든 게 아니라
노를 젓고 있었는데
물마루에 미끄러지는 저 항선 위에 쏟아지는
고운 햇살을 누가 보았겠는가

흉흉한 물결이 다시 잠들어
갈매기 돌아와 춤추는 노을 속에서
예호바의 숨소리를 퍼 올리는 그 깊은 뜻은
포말로 밀려오는 그리움으로
하늘 가득 출렁이며 돌아오는 저기 저 배.

능소화 외 1편

김|남|희|

담장을 경계에 두고
내려다보는 세상과
올려다보며 망설이는 것은
두려움 때문일 게다

허공 붙잡고 엉거주춤
이러지도 저러지도 못하고 축 늘어져
바람이 불 때마다 까무라치는
저 생명을 우짤꼬

화사한 미소 뒤에 숨은 말 못할 사연을
생의 가장 예쁜 모습으로
절명할 수밖에 없는
짧은 목숨이 툭,
떨어지고 있다

꼬리 문 소문에
담장 밑이 야단법석이다.

밤비

적막이 흐르는 자정
누군가가 계단을 밟고 오는
어지러운 발자국 소리
선잠 깬 날카로운 신경은
몽유병 환자처럼 이리저리 끌려다닌다

반딧불이가 되어 푸른 초원 날다가
묵상에 잠긴
산사山寺 처마 끝 잉경 소리
종착역 찾아 저리 소란스러운데
이층으로 이어진 열여섯 계단을
훌쩍 넘어
창문 두드린다

어둠 속, 후다닥 스치는 섬광
죽비 내리치는 천둥
맙소사
갑자기 쏟아지는 저 오만불손한 낙숫물 소리가
단잠을 깨우고 있었어.

중앙공원의 봄 외 1편

김동석

까치와 비둘기는 어느새 새집 짓고
진달래 개나리꽃 하나둘 앞다투어
벚나무
온정 나눔 길
화사하게 피었네

어허야 봄나들이 상춘객 꽃 잔치에
마음도 훈훈하게 정담을 나누는 곳
권선동
중앙공원*에는
사람들이 봄꽃이네.

※중앙공원: 경기도 수원시 권선 2동 내 공원

마가목 사랑

회색의 작은 군락들 봄기운 밝히더니
고개를 갸우뚱하고 웃으며 오돌오돌
달걀 꽃
꽃받침 잎에
피어나네 살포시

옥처럼 오록하게 가만히 내려보며
빠알간 방울방울 한방에 좋은 약재
울릉도
마가목 주에
얼굴들 불콰하네.

천둥 사우나 · 2 외 1편

김 동 선

알몸으로 만나는 곳은 어디나 성지^{聖地}이다
오십대 중년은 지긋이 두 눈 감은 채
가부좌를 틀고 참선하고
불룩하게 세 겹으로 나온 아랫배
흠뻑 젖어 있다
점 점 숨이 막혀 오르기 시작하는데
사우나실에 들어왔을 때부터 미동도 없다
땀으로 흠뻑 젖은 온몸 시원하게 회복 중이다.

시장통 사람들

요란한 외침의 메아리로 울려 퍼지는 새벽 시장
그곳에 가면 인생이 있고
하루하루 열심히 살아가는 진솔한 이야기가 있다
먼동이 트기 전 떡방앗간, 칼국수 등 부지런히
시작된 장돌뱅이들 눈물겨운 애환
그 막걸리로 달래고
밤을 잊은 불야성의 후한 인생으로
살포시 포장돼
한때는 이 나라 소비경제를 주도하며
풍요로운 대한민국의 오늘 이끈
숨은 공로자였다
요즈음은 몹시 아프다네
할인마트, 만물상에 치이고
경제 한파로 억눌려
이래저래 만신창이니
뉘라서 그 설움 달랠까.

한 그루 백련화 피우기 위해 외 1편

김동애

삼베 적삼 속으로 들어오는 바람
가실가실하고
스르르 눈 감기는 하얀 달빛이
살갗을 움츠리게 하는 새벽

하얀 망초꽃 달빛 품어
어두운 길 밝히는데
풀벌레 노랫가락에
묻어 나온 법음法音
가슴에 출렁대던 물결이 숨을 죽이네

속절없이 흘러 보낸 세월만큼
만들어진 업業덩이가
무작위의 누르는 무게로
무릎 꿇어 합장하는데

관음보살 미소에 흠뻑 젖어
팽팽해진 고요 속을 흔들고
겹겹이 쌓인 백팔배에 삭아진 무릎으로
언제 이 사바세계에
백련화 한 그루 피워내려나.

부처로 가는 길

황혼빛이 서러워
모두 내려놓고 살려는데
팔십 넘은 할머니 가슴 안에
큰 바위 하나 들어앉아 무거워라

밤낮없이 힘들여
밖으로 밀어내도
움직일 수 없어
합장하고 기도했네

한 생각 끝에,
정과 망치 들고
큰 바위 쪼아 댔지

가슴은 아리고 아파도
인욕 정진으로 눌러 두면
땀과 눈물이 모든 업을 씻어 내려나

가벼워진 마음 한 자락 잡고 일어서는데
큰 바위는 쪼아져 보이지 않고
대신 그 자리에
부처님만 연화대에 앉아
살포시 미소 지으시네.

텃밭 외 1편

김 명 자

쏟아지는 봄 햇살
삶의 가지에 흥을 돋우고
작은 가슴들 모여
가녀린 모종들
뿌리를 고른다

새순 나오는
나뭇가지 물오르면
짙은 향 내음
몰고 오는 봄바람

푸른 잎사귀들
마침내 피어나는 날
밥상 가득
입맛 돋구는 푸성귀들

소나기

지붕 위에 내려앉는 통곡 소리
마지막 인연까지 놓쳐 버리고
유리창에 매달려 설움 토하는
몸부림
덕지덕지 안겨 붙은 미움도
굵은 빗줄기에 바닥을 뒹군다

이…
비…
그치면…
마음 떠나고 휑해진 자리
맴돌던 그리움
빈자리 채워지려나.

벚꽃이 피면 외 1편

김│복│만│

'색色해설'에서 0순위 저 새파란 허공
'절세미인絶世美人' 담홍빛 꽃너울에 젖어
청명淸明 하늘이 절정이다

남천강 은비늘 강바람에
비단결 물무늬 오버랩 된다
시야를 덮어 버린 꽃길의 절정이다
아람드리 즐비한 매운 향내에 젖는다
긴 꽃가지들 강물 위로 물굽성 몸짓이다

불가佛家에서 벚꽃을 피안앵彼岸櫻으로
깨달음의 세계 피안을 상징한다
구름처럼 머문 꽃비너울이
절정의 황홀을 그리면서
속세 삼독三毒의 번뇌를 걸러낸다

앵도과에 오판화五瓣花로 정갈하고
화려함의 몸짓 순간 혼절할 수 있다
큰길 허공 가득 꽃비를 뿌린다

고작 열흘 남짓 격정의 퍼포먼스
열정을 쏟아내는 황홀의 몸짓
벽공의 허무에 젖은 시련의 파노라마.

물길을 떠나지 않는다

강물은 만남이며 흐름이고 생명력이다
물길에 매인 땅의 눈물 피가 강물이 된다
물은 세월에 감겨 연고지가 아닌 곳이 없다
물은 언제나 만물을 이롭게, 다투지 않고
모두가 싫어하는 곳에도 흘러간다

그리움과 삶의 노래로 피어오른다
이따금 가신 어머님 사랑의 흔적이 된다
강물은 이 땅의 역사를 감고 간다
때로는 빛바랜 추억을 남기고
나에 대한 삶의 확인을 준다
시선을 주면 나에게로 다가온다

물은 아무것도 바라지 않는다
스스로 자족하고 생명을 이어 간다
일체 생명체의 핏줄이 아닌가

때때로 낭만주의자이며 시인이 된다
물은 바다보다 깊은 사랑의 노래다
물은 늘 흔하면서도 언제나 귀한 것

물은 노장학老壯學의 바탕이 되고
이성적 감성의 뿌리가 되고 있다
물은 언제나 '모놀로그monologue'를 안고 간다.

가을에 외 1편

김 | 봉 | 겸

깊어진 가을에
흰 구름이 높이 하늘에 한가한데
스쳐가는 바람은 조급하네

늘 푸르리라던 이파리들은
제각각 떨어져 땅에 눕고
무심한 발길이 밟고 가네

한구석 세상을 흔든 기상은
코끝에 나직이 머물고
죽은 듯 숨결이 겸손하네

문득 고개 들어 하늘을 보니
따스한 빛이 내려오고
부드러운 손길에 안심하네

그 자리에 무릎 꿇고
두 손 모으니
분주하던 마음이 평화로 가득하네.

11월

왠지 한 번
취한 듯, 홀린 듯
기대어 보고 싶은
목마른 기둥

뙤약볕에도 빳빳이
큰바람에도 꼿꼿이
날을 세우던 혀가
서늘하게 식는다

안개처럼 빗물처럼
빨강 립스틱, 검정 스타킹을
훑어 녹아내리던
서툰 감정을 용서받고
이제는 가만히 기대어 서서
맨 처음의 이야기를
확인하고 싶다

11월은
남은 날에 감사하며
초조하지 않는 자를 위해
주어진 선물이다.

다듬잇돌 외 1편

김 부 치

그대가 행복하다면
살이 패이도록 아파도
내 살아온 전부를 내어 드리겠습니다

맞을수록 더 낮아지려고
버들거리지 않고 웅크리어
살 속이 곱는 고통은
한 시대의 울음이었고 정서였으니
나를 감싸 주지 않아도 괜찮습니다

납작 엎드리고 맞아
광목천 푸새가 보들보들했으며
어제와 내일에 산울림 같은 신음이었습니다

초승달이 걸린 밤
한 세기가 더 묵은 다듬잇돌 소리가
조각난 문지방 사이로 시이면
사랑채 서방님 글귀 흐트러져
헛기침 소리 들렸습니다

갓 시집온 며느리 방망이 소리는
친정어머니를 그리워하는 눈물이었고
시어머니 홍두깨 소리는 손을 달라는

소원의 소리였습니다

조선 여인의 머리결처럼 긴 광목은
삶이 녹지 못한 가슴앓이이었으며
쉼 없이 다듬어야 실올이 고와졌습니다

주름살이 늘어난 다듬잇돌
곤장 값은 백지수표요
문명을 깨우는 희생이었습니다.

이슬과 나비

나비는 이슬을 찾아 날고
이슬은 나비를 그리워
알몸을 드러낸 채 풀잎 위에 앉아 있다

나비가 떠난 자리
풀잎을 떠날 수 없어
이슬을 모아 굴리고
살기로 정했지

바람 불면 떨어질까?
안으면 부서질까?
어여쁜 이슬아
나비처럼 날아 보라

그리움이 녹고
기다림이 녹고
헤어짐이 녹으면
풀잎 무릎을 베고 잠든 이슬
봄의 환희
한 살 첫 나비
꽃이슬 따먹고 입맞추는 것을.

길 위에서 외 1편

김 사 달

환히도 삭막한 길 위에
겨울비 맨몸으로 오신다

지친 어깨
자박자박 두드리며

길이란 다
고단한 행보가 아니냐고

행여 매듭져 못 푸는 일 있거들랑
겨울비 오는 들길에
낙엽처럼 눕히란다

젖어서 밟히는 곳에
봄은 다시 뒤척이지 않더냐고.

동거

담장 안 늙은 감나무 위에 앉아
문안 인사 까까 묻는 까마귀가 홀연
가족이라는 생각이 드는 날

돌아보니 문득 고희도 시든 나이
새까만 저놈 따라간 벗이 몇이던가
이젠 내 앞일까지 환히 알고 있다는 듯
능청을 떠는 것이 좀 비위가 상하지만

십 중에 예닐곱은 꽤 맞추는 점성까지 지닌 녀석을
내몰 수도 없는 처지라
어디 무슨 대접이야 하겠냐만
침 뱉아 퉤퉤 내쫓지는 못하겠다.

하모니카 외 1편

김 서 연

한강에서 삼송역까지
춤을 추는 갈대잎 사이
조경 공사가 한창인
자전거 하이킹 코스

남, 너의
자전거 현란한 복장
젊음과 중년의 근육질
활동적인 건강 피
삶의 여유로운 풍경이다

서오능에서 일산으로 이어지는
다리 밑 자전거 동우회 쉼터
그 누군가 실체 없는
아마추어 색소폰 소리
노화된 가슴에 심금을 울려오고

카세트 경음악 소리에
하모니카 연주하는
프로급의 중년 남성
아련히 떠오르는 70년대 가요
상념에 젖어드는 먼 그날.

밥상

운동을 다니던 큰아들이
"엄니 우리 밥상이
아버지 다리 밑에 있어요"

운동을 함께 가자는 아들의 제안
다리 밑 쉼터에 정말 밥상이 있다
어머, 이게 여기 와 있네
울컥, 불쌍해 마음이 아리다

이 상을 가지고 몇 번을 이사했던가
이 집으로 옮겨와
옻칠을 해 새 옷을 입혔는데
완전히 사라진 그 장인
뼈마디 삭아 삐걱이던 관절

도로 가져갈까
가져가면 애물단지인데도
마주할 때면 흔들리는
피붙이 같은 애잔함

40여 년
우리의 건강을 지켜주고
두 아들의 성장을 바라보던

동고동락 희로애락 함께한
둥그런 조형물 가족

2년 전
싱크대와 식탁이 들어오고
버리자는 안주인 제안에
차마, 버리지 못하고
다리 밑에 갖다 놓은 남편
아마도, 내 마음 같았으리라.

이카루스와 종이학 외 1편

김석태

양어깨에 날개를 돋게 하기 위해
온갖 시련 견뎌 낸다

밀납 날개 달린 이카루스는 되지 말아야 한다
태양 가까이 갔다가 날개가 녹아내려
추락한 이카루스는 결코 되지 말아야 한다

밖으로 날아가지 못해도
벽 안 천장에서 흔들거리며
자유의 소중함 일깨우는 종이학이 차라리 낫다

눈물에 젖어 종이는 처지고
학은 이미 날아가 없어진 그냥 종이로 남을지언정
이카루스는 결코 되지 말아야 한다.

세월의 매듭

길 가다가 언뜻 하수구 냄새 나면
갇혔던 지난 세월 마디를 기억할 거예요

찌리릭 찍 철커덩!
공간 가르며 내리찍는 철창 닫는 소리

시간은 멈추고 누였던 세월의 비늘들
닭살 돋듯 세워져
축축하면서도 끈적끈적한 나쁜 기억들
되살아날 것입니다

좀처럼 숙지지 못하여 긴 한숨으로
망각의 어두운 터널을
짙은 담배연기처럼 빠져나갈 것입니다.

꿈나무들 외 1편

김 선 례

푸름이 짙어 가는
오월의 하늘 아래
해같이 맑은 미소
꽃처럼 피어나라
저 높은 희망 찾아서
별처럼 속삭이며

비바람 몰아치고
아득한 그곳에도
먼 훗날 가지 뻗고
고운 꽃 열매 맺어
굳건히 세월의 강을
겸손히 건너거라.

새날에 희망들

밤새워 검은 장막 아리게 걷어내고
찬란히 떠오르는 심장의 박동 소리
물결이 하늘 향해서 샘솟듯 용솟음친다

서로의 가슴으로 밀려와 다시 여는
세월의 한 이치를 물금에 실어 보고
사랑의 고운 의지로 희망을 여는 새날

새소리 바람 소리 세월에 묻어두고
해맑은 시간에서 한해를 맞으리라
저 붉은 햇덩이 하나 희망을 부르노니

그대의 젊은 가슴 힘차게 노래하라
더 넓은 세상 향해 굳세게 일어서라
피어난 따스한 온정 기도로 열리리니.

문화동 센트럴 칸타빌 외 1편

김 선 옥

남 서 북으로 창이 트인 센트럴 칸타빌
충북도청 용담로 7. 문화동 102동 1304호
봄 햇살 내 안에 심장 햇살들이 파고드네

무한량의 넓고 높은 하늘을 바라보면
부모님 벨소리도 메아리로 들려오듯
음각된 그날의 자욱 저녁노을 고와라

달이 뜨는 밤이 오면 은은한 동양화며
지상엔 야경 등이 낙관처럼 반짝이고
꽃대궐 부럽지 않은 천지간의 풍경이네

북쪽에는 우람한 산[1] 남쪽에는 무심한 냇가[2]
뿌리에서 물밑까지 안으로만 삼키는데
못다 한 동그란 그 심心 숨 고르는 정수리

우뚝 솟은 칸타빌 비상하는 새 한 마리
거실엔 금란지교金蘭之交 청잣빛 꽃이 벌고
무한한 달콤한 향기 온누리를 덮는다.

1) 청주에 있는 우람한 산 우암산
2) 청주를 가로지르는 무심천

행복

나 갖은 것 하나도 없지마는
저 푸른 하늘 바라볼 수 있고

  두 다리로 걸을 수 있으며, 맛있는 오곡밥 먹을 수 있고, 개구리의 울음을 들을 수 있고, 이웃과 향기로운 이야기 나눌 수 있고, 맘껏 웃을 수 있는 마음이러니.
  저 높은 산에 올라가 마음껏 숨을 들이마시며, 넓은 바다와 함께 어우러져 흐를 수 있다

한줄기
끝없는 봄빛
저 하늘을 바라본다.

오산역에서 외 1편

김 선 우

대합실에 앉아
오가는 이들을 바라본다
남길 것도 미련 둘 것도 없는지
숨가쁘게
개찰구를 빠지는 행렬
그들이 남겨 놓은 발자국 속에서
수많은 이름들이 걸어 나온다
지금은
떠돌다 사라지는
구름의 뒷모습처럼 아득하지만
아득한 만큼 아득해서
더욱 그립다
서지도 앉지도 못하고
흔들리고 있는 나는 누구인가
사무치게 그리운 이름들
쟁여 놓은
나의 짐보따리가 무겁다.

운암뜰※ 앞에서

여름은 덧없이 갔고
열두 폭 추억 속에 묻혀 버린
그리운 얼굴들
느지막이
화원에 앉아
황금으로 물든 들녘을 바라보아도
오히려
그 빛들 사이에 숨어
하얗게 피어 있는 억새!
구불텅한 논길을 따라 걷고 있는
내 삶은
억새꽃처럼
타다 남은 연탄재처럼
하얗기만 하더라.

※운암뜰: 경기도 오산시 오산동, 부산동에 위치한 평야지대. 지금은 10분의 1정
  도만 농지로 남고 신도시가 들어앉아 있다.

촛불로 거리를 태우다 외 1편

김|성|일

지구촌이 주목하는
풍요로운 강산에
거친 바람 부는
회색빛 거리를 촛불로 밝힌다
무리들의 소란 뒤에
황금빛 시간은 촛불에 타버리고
스스로 세우려는 자유는
촛불처럼 흔들린다
그늘진 검은 분화구를 들여다보면
아름다운 감옥이 있다
어찌할 거나 저 촛불의 소용돌이는
자유의 품속에 잠들어야 한다
그리고 북녘의 풍파가
파도처럼 밀고 내려왔을 때
대문을 굳게 지켰던
우리의 근육질이
슬픈 그 시절을 떠올리면
열광하던 군중들은
일상으로 돌아가고
다시 진리가 삶을 지배하리라.

무령왕릉을 찾아서

송산리 구릉에 거대한 묘 하나
천년의 꿈 깨고 문을 열었다
화신의 혼이 꽃 치장한
아치형 벽돌문 들어서니
천년을 버티어 온 반달 천정에
오묘한 장인의 얼이 살아 있다
등불 밝혀 놓고 잠시 외출한 듯
대왕의 명패는 주인의 거처를 알리고 있어
근엄한 음성으로 지금도
호령을 치고 있는 듯하다
오래오래 간직한 보물의 빛은
모여든 객들의 가슴을 파고들어
아득한 과거와 소통하고 있는데
대왕은 산기슭에 거처를 두고
머나먼 우주로 여정을 떠나셨다
어두움을 밝히었던 대왕의 황금빛 시절
그 향에 취하여
나 천만리 먼 길을 걷고 있다.

돈의 일생 외 1편

김성화

어릴 적에는 배운다고
돈을 쓰고

젊어서는 사업한다고
돈을 쓰고

늙어서는 병원 다닌다고
돈을 쓰고

죽어서는 장례 치른다고
돈을 쓰고

쓰고 남은 돈은 형제끼리
많이 가질라고 기를 쓰고

돈을 잘 쓰면 천하 제1이요
잘못 쓰면 패가망신이라.

인간의 일생이란

지구가 태양을 향해 돌듯
달이 지구를 향해 돌듯

큰 인생은 태양을 도는 것이고
작은 인생은 지구를 도는 거와
무엇이 다르랴

다만 인생은 거기서
거기인데.

도담삼봉 외 1편

김순녀

그날
그 빗물에
강원도 정선을 떠나
여기
단양 강에 자리를 잡았다

그리움의 여인도
맑은 물소리의 사랑도
삼도정三嶋亭을 휘감아 흘러가니
봇짐장수 짐배노래
처봉도 울고 첩봉도 울었네

수리 슬렁 내려오는 소금 배
뗏목 타고 멀어져 갈 때
띠뱃노래 부르는 주모의 구성진 가락
한양 가신 손님들아 단양 강
뱃길 따라 금의환향錦依還鄕 바라오.

제비꽃

진달래가 피면 생각이 나던가요
개나리가 피었다고 소식이 오나요
하얀 목련이
밤새 울다 소리 없이 지던 날
나는
작은 날개를 펴서
낮은 언덕 위로 내려왔어요

분홍빛 사랑은 기다리지 않아요
양지쪽 노란 울타리를 벗 삼아
우아한 저 목련을 바라보는 기쁨으로
내 작은
연보랏빛 다섯 꽃잎을 펼쳐
겸양한 실뿌리 하얗게 내려요.

긴 머리 외 1편

김 순 희

초등학교 시절
긴 머리 하얀 블라우스
담임 선생님

긴 머리카락 바람에 날리면
마음은 풍선처럼 부풀고
가슴 쿵쿵 뛰었지

바람 소리 새소리
교실 창밖에서 풍금 반주 엿듣는
포플러 잎사귀들은
심호흡하며 햇빛에 반짝였지

흑진주를 담은
두 눈은 부러움이었고
설렘이었어

지금도
그 풍성한 머리카락
바람에 수초처럼 흔들렸으면

웃을 때 하얀 이도 고왔던
선생님
어디서 살고 계실까.

만약 내가 붓이었다면

만약 내가
커다란 붓이었다면
당신 얼굴
잔주름 스윽 지워줄 텐데

고집스런 팔자주름
세월에 멍들고
고뇌로 돋아난 검버섯
깨끗이 지워 줬을 텐데

병들게 했던 쓸개
수술 없이
깨끗이 그려 주고

파란 하늘에
당신 이름 적어 놓고
바다를 화폭 삼아
당신 모습 신나게 그렸을 텐데

긴 세월 쌓인
은빛 머리
이마에 새겨 놓은 깊은 정도
그리며….

항해 외 1편

김 연 하

망망대해로 떠난다
넘실대던 깊고 넓은 바다
저 멀리 저물어 가는 노을빛 반기는 섬
어느새 물속에 별빛도 떠나고
새벽길에 해가 솟구쳐 오르면
희망의 새로운 항구로 달린다

날마다 가슴 조이며
오뚝이처럼 일어서고 싶은 간절한 염원
너와 나 메마른 심혼心魂에 불지르면
활활 타오르는 여광餘光으로
올바른 귀향지歸鄉地를 찾아간다

때로는 어둠 속 폭풍을 향해
한두 겹 내려쌓인 안개로
한동안 한치 앞이 보이지 않고
방향의 분별이 안되는
캄캄한 항해航海도 있었지만….

기진맥진하여 탈출구를 찾아서
가슴에 파도치는 망망대해의 길에
푸르른 잔디밭처럼 쭉 뻗은 길도 있었음에
매일 아쉬움과 기다림으로 뒤척이며
그리움 안고 떠나간다.

세월

지금 어디쯤 가고 있는 걸까
삶 속에 안타까움 가득한데
막힘도 없이 흐르는 강물은
흘러흘러 황혼녘으로 다가오고
뒤돌아보니 어느덧 아쉬움만 남으며
이마에 주름살만 늘어가네

빈 바랑 속에
하나 둘 채워지는 영혼의 양식들
한순간 다가오는 인생길에
한결같이 발걸음 멈추지 못하고
안개 낀 미로迷路의 길 달리며

지나온 세월 곳곳엔
구부러지고 뒤엉켜 옹이마저 박히고
울퉁불퉁 요철이 생겨나
그토록 허우적거리면서 갈구했던 것이
마냥 부끄럽기만 한데

흐르는 세월을 피할 수 없다면
아직은 맞추어야 할 모자이크들을
마지막까지 완성해야 하기에
함께 살아가는 동안 공을 쌓으면서
세상 끝나는 날 피안에 이르리.

내가 지은 집 외 1편

김|영|천|

고목은 쓰러져 벌레의 집이 되고
배는 침몰하여
고기의 집이 된다

사람들만 집 때문에
눈물로 한 세월을 보내고
집 때문에 목숨을 담보한다

화덕딱새는 땅에 둥지를 틀고
흰머리수리새는 까마득히 높은 곳에 둥지를 튼다지만
둥지를 틀지 않는 바다오리도 있다

무슨 영화를 맛보겠다고
무슨 평안을 취하겠다고
나를 다 내어 주어
집 한 채를 이루려 하는가

사람만이 제가 지은 아집에 갇혀
꼼짝하지 못한다.

시인의 직언

시를 사랑하느라
가족을 버리지 않아도 됩니다

시를 사랑하느라
밥을 외면하지 않아도 됩니다

법이 시를 규제하지 못하고
숫자가 시를 가늠하지 못합니다

어느 세상이 시를 재단합니까
어느 종족이
시인을 계량합니까

시인은 시로 말할 뿐
다만, 나를 버리고
사랑만 남는 길

세상의 눈으로는
시를 측량할 수 없습니다.

주왕산 가을 외 1편

김｜옥｜녀

물때가 되니
스스로 붉은 물감이 되던 것을
그걸 퍼서 끼얹고 있는
주왕산 계곡을 따라
사랑의 폭포로 절벽 사이로
발을 밀어넣었다

악수보다 더 진한 포옹
아름다움으로 곱게 물든 감동
젊음이 아무리 좋았던들
이만큼 고운 생을 만들 수 있다더냐

바위 틈새까지 눈을 튀게 하는 전율
주왕산 위까지 끌어안고 취해 버렸구나
내가 쓰는 시 그만한 힘을
지녔다면
주왕산은 내 생애 피크였으리.

봄볕을 찾아

봄볕이 좋을 때도 있었습니다
사는 일이 허허로울 때
담벼락 등지고 봄볕을 따라나서면
시리던 몸이 녹아내리기에
그리 내 삶을 달래며 산 적이 있습니다

세상에 더없이 좋은 것으로
돈 안 내고 쓰는 봄볕
자연산을 퍼 쓰며 살게 해주는 봄볕 은혜로
생각이 멍할 때도 바른 햇살 끝으로 나앉아
봄볕에 안겨 살림을 꾸렸던 적은
내일도 모레도 거기 기대어 나는 살아갈 것입니다

은혜롭기야 어디 어머니뿐이겠습니까
스승도, 사랑도, 헤일 수 없을 만큼
내 주위엔 봄볕 같은 많은 사람이 있었습니다
그래서 나는 봄볕 만나는 것도 친숙해져
자주 그 길을 따라나섰던 것입니다.

청치마 외 1편
―푸른 하늘 무희의 그 맵시를 떠올리며

김 용 길

흰 저고리 청치마*의 솔개가 하늘 날아
연사에 매달리어 별난 춤을 추고 있네
남 조끼 옹구바지가 푸른 하늘 놀래다.

산딸기 익어 가고 훈풍에 벼가 패는
밀짚모자 계곡물에 발 담그는 계절에는
어디에 숨어 있는지 비치지도 않더니.

산에 들어 붉은 단풍 고운 모습 자랑하고
선들바람 불어오면 진귀한 민속놀이
뽐내고 날리고 싶어 부리나케 떠온다.

※청치마: 위로 반은 희고 아래로 반은 푸른 모습의 연(鳶)의 특이한 이름.

옥퉁소

애절한 그리움에 달빛 고운 밤 잠 못 이루고
당신 이름 눈물로 부르는 구슬픈 소리
하늘에서 들으시면 내 가슴에 오소서.

달빛 품고 내는 소리 어떤 신비 지녔기에
오동나무 뜰에서 소복 청상 우는구나
산천도 녹는 간장 서리꽃도 흐느끼네.

음풍농월 벗하여도 반짇고리 두고 간
녹의홍상 못 잊어 어이하면 다시 보리
밤마다 흐르는 눈물에 베갯모가 젖는구려.

새해 아침 외 1편

김 일 성

뜨는 해와 지는 해는
매일 똑같건만
왠지 한해가 끝난다 하면
무엇인가 허전해지는 마음이다

그래서 새해에는 꼭 무엇인가
이루고자 해서
강원도 양양 휴휴암에 갔다

떠오르는 새해 붉은 해를 보면서
철썩 밀려왔다 밀려가는
하얀 물보라에
새해 소망을 빌어 본다.

끝자락

눈이 펄펄 나리며
차가운 바람이
옷깃을 여미게 하면

달력은 십이월만 남긴 채
한해의 끝자락으로 내몰린다

끝자락이란
모두가 마감이 되어
절망인 것 같지만
그렇지 않다

끝이 있으면
시작이 있기 때문이다
끝은 새로움을
재발견하는 것이다.

화해 외 1편

김 임 자

달리는 진주행 시외버스
차창 밖 흔들리는 풍경 사이로 줄기차게 따라오는 사람
당신이구나
있어도 그만
없어도 그만이라며
다투고 증오하던 사람
투정 부리고 면박 주고 화풀이하던 사람
당신이구나

남한강 보이거든 우리 이제
사랑만 하자
다 잊어뿔고
사랑만 하자.

여인

저문 댓바람 나뒹구는 날
가슴 출렁이는
소리로 와서
잔물결 되어 여즉이 머무는구나
내 선한 맥박으로 노니는
석장의 꽃잎 같은
나의 여인아.

해읍海邑에서 외 1편

김│종│기│

　느즈러진 몸과 괴팍해진 맘을 어루만지는 바다가 좋다. 파랑이 너울대며 너글너글 뭍으로 퍼져 들고, 담담한 갯마을이 짭조름히 쩌금거리는 게 싫잖다. 얼마 만에 여기 와 턱을 괴고 몸과 속 아픔을 풀며 다지듯 다잡듯 설치듯 뒤집듯이 바다에게 온전히 응석받이 하는가.

　바다 같고픈 내 찬찬한 일탈逸脫이 스스럼없어질 무렵, 해질녘의 풍광이 잠시 해읍스름해지다가 갈수록 불그스름한 노을로 해면海面을 수채水彩질한다. 길쭉한 그림자들이 땅거미를 따라 묽스그레하더니 상쾌한 어둠으로 물화物化되어 가는 천연의 술법術法. 하루해가 맞도록 앉았던 모래톱 자리를 털며 이윽고 일어선다. 머리 위로 바다제비 떼 지어 귀소한다. 둥지에서의 누림이 느긋하고 다복하길 빈다.
바다를 품은 채 귀가하는 싱그러움은 내 안에서 일어서는 생생한 속삭임. 그렇다 모든 이의 분풀이화풀이한풀이를 깨끗이 해 주는 바다의 묘약妙藥. 해송림海松林의 푸른 소리와 달빛 파도 소리를 통째로 아우르며 내, 밤을 지새울 요량料量이다. 해맞이할 새벽 참에 해읍海邑보다 먼저 욱일旭日할 햇 바다의 처녀성을 찬익贊翼하리라.

설산雪山에 갇히다

삼동三冬의 고갱이는 1월입니다 소나무들이 고운 솜눈을 덮어썼다가 바람 짓으로 알몸을 텁니다. 눈덩이가 나비같이 날아내리고 투명한 얼음덩이가 무시로 쏟아집니다. 진종일 잔기침을 하는 산처山處에서 가슴 밑바닥까지 외롭고 서러운 사람들의 가난이 얼음산을 벗합니다. 춥고 고프고 쑤실 뿐 아니라 오래 누군가를 기다리다가 찌그러지는 오두막 서너 채 속, 눈물까지 말라가는 속앓이를 탓할 수 있습니까.

먼 밤하늘에서 떨어지는 별똥별들은 골짝과 여울이 받아 안고, 능선에서는 달 우러러 울어젖히는 늑대들의 소리가 메아리로 울려 퍼집니다. 인고忍苦로 뼈를 깎는 내 깊은 사념이 언제 꺾일지 모를 의지와 갈등. 내일이면 누가 올지 또 나갈 수 있을지 바깥세상이 어떠한지 모르는 게 당연합니다. 적요한 심산深山에 거침없이 쌓이고 또 쌓이는 눈이 산마을의 생목숨들까지 통째로 묻어 가고 있습니다.

아등바등할 기력도 없는 단절의 고독을 아십니까.

김종기

꽃비 외 1편

김주옥

하얗게 하얗게 행복이 쏟아진다
하얗게 하얗게 평화가 내려온다
꽃비 사이로
연두의 웃음이 터진다
와르르 까르르 하얀 날개의 함성
꽃잎의 세례를 받으며
새봄은 새롭게 거듭난다
지금은 축복의 시간이다.

밤의 익산역

마지막 버스가 떠나고
막차를 놓친 청춘들이 모여든다
가물거리는 가로등 사이로
친구가 된 타인들이
동지가 되어
어둠 사이로 손을 내민다
한낮의 일터에서 소모한 꿈들이
푸른 새싹마냥 뾰족히 돋고
맹인같이 아무것도
보지 않고 듣지 않고 자리를 내준다
그저 하룻밤 쉬어 가라고
등돌린 눈물을 씻어 주며
선한 한숨을 이부자리로 펴고
난민을 보듬어 더듬어
영원한 그리움의 수를 놓는다
얼굴도 모르는 은혜의 얼굴이
밤의 보름달로 둥실 떠오른다.

마포나루 외 1편

김 지 영

아침이 두려운
강가의 텃새들이
다리의 난간에서
꽃잎처럼 몸을 날리고

착지의 지점에서
날개가 새로워진
물방울을 부수고 솟구치는
한 점의 빛이…

자동차의 불빛이
지나가는 자리에
익숙한 광경이 낯설어지는
너는 누구였지?

허공 속에서
웃고 있는 얼굴들이
두리번거리며
찾고 있는
되돌아온 서류

다시 시작하라고 말도 못했다
재활은 탄생보다 질기다.

호박고지

금성댁이 익은 호박을 썰고 있다
뭉수리 썰린 호박이 빨랫줄에 걸렸다

가을 햇살이 호박 살을 먹고 있다
쫄깃쫄깃 소리가 맛있다

금성댁 자부가
익은 호박을 썰고 있다
나붓이 썰린 호박이 빨랫줄에 걸렸다
가을 햇살이 호박 살을 먹고 있다
사각사각 소리가 맛있다

툇마루에 꽃신 두 켤레
귀에 익은 칼질 소리
섬돌 아래 풀벌레 소리
또각, 또각, 또각, 또각

할머니
여기서 뭐해?
몰라
―바보

너는

거기서 뭐해?
몰라
―너도 바보

뇌성 속의 한길 외 1편

김 태 수

번갯불이
먹구름에
첨산尖山을 그리더니

크게
일갈一喝하는구려

딴마음 먹지 말고
한길一道로 가라고.

을왕리乙旺里에서

모도리茅島里※ 멀리하고 구봉산 돌아오니
귀로의 삼목항三木港엔 암흑이 찾아오고
부두엔 갈마바람 탄 해무海霧만 깔린다.

어선이 유혹하는 쌍선雙線의 광도光道 위에
고요가 내려앉자 잠드는 아청 바다
정인절情人節※ 을왕리에서 하룻잠을 청한다.

※모도리: 옹진군 북도면에 있음
※정인절: 7월 7석

가을 길 외 1편

김 태 자

마음을 다스리려
들길에 나섰건만

소소한 가을바람
옛 기억을 사부자기

잊었다 말만 하였지
그리움만 짙었네.

어느 아침

밝은 창 마주하고
글이나 읽어 볼까

난간에 기척 있어
까치 한 마리 힐끗

자르르 미끄러지듯
눈치보며 종종걸음.

가을 문턱 외 1편

　　　　　　　　　　　　김│현│태

수많은 색깔 경계 넘나드니
시간의 추가 마구 흔들려
썼다가 지워 가는 세월

못다 이룬 사랑 깨우는 저 매미 소리
마음 흔들어 파닥이는 날갯짓으로
허공에 뿌린 구애의 손짓

어디선가 메아리쳐 들리는 듯
마음속 깊은 곳에 줄을 당겨
티 없는 하늘 색칠해 놓고

높디높아 닿지 않는 곳
얽히고설킨 하이얀 실타래마냥
솜털구름이 음률로 채워 간다

어디서 왔다가 어디로 가는지
두둥실 떠다니는 저 형상들
어디론가 잰걸음으로 사라진다

계절을 헤치며 달아나는 늦여름
섬돌 아래 귀또리 하늘을 등에 업고
몸짓 모아 휘몰이장단 휘리릭 내뱉는다.

단풍

초록빛 그림자마저 내던지는 계절
마냥 부풀었던 지난날의 꿈 조각
하이얀 솜털 구름에 실어 보내고

가는 세월 엎치락뒤치락
산들바람 산허리 뒤흔들 때
싱그런 설레임 슬며시 내려놓는다

숨소리조차 흔적 없는 이파리
그 어느 것 하나 남기지 않고
그저 빈손으로 날아가 버리고

찬 이슬에 말라가다
한 줄기 바람으로
아득한 그리움 절절히 삼키고 있다

스산한 공기에 떨어지는
젖내 나는 몸뚱이 만지작거리다가
두꺼운 책갈피 속에서 바래져 가고

소소리바람에 꺾여진 날갯죽지
모닥불 아래 불씨로 사라져 갈 때
옛 추억 들추는 사색에 잠겨든다.

달력과 인생 외 1편

김 효 겸

달력이 넘어간다
인생도 흘러간다
달력과 인생은 동반자

달력이 빨리 가면 인생도 빨리 간다
빨리 가는 인생 속에 달력 그림 그리고 싶다

내 어린 시절
그리고 젊은 시절에
빨리 나이 먹길 희망했다

나에게도
그렇게 어리석은 시절이 있었나 보다
회상하고 다시 찾고 싶다
희망의 옛 추억 더듬고 싶다
앞으로 인생 희망의 향기
마시고 싶고 만들고 싶다

세월의 강물 유유히 흘러
이젠 나이 덜 먹길 소망한다
벌써 그런 나이가 되었나 보다

'내 나이가 어째서' 라는 유행가 가사와 함께

황혼 속으로 접어든다
십 년 후 내 모습 이십 년 후 내 모습 바라보며

어떻게 변할까?
어떤 모습으로
마누라 모습은 어떨까?

상상의 날개 속에
나의 그림 그려 본다.

묵란墨蘭

묵란에 빠졌다
화선지의 묵향 내음 맡으며
묵란 잎과 꽃봉오리
그리노라면
인생의 파노라마가 울려 퍼진다

묵란 특선상 소식
듣기 민망했다

강원도전에서 묵란 특선상,
국절지 행초 특선, 전지 전서 입선

아직도 부족하다
12점 만점에 14점으로 초대작가 되었다
더 열심히 하라는 채찍질인가 보다

퇴임 후 제2인생
묵란에 싣고
인생 나그넷길 훨훨 날아가 보세

내 인생의 황금기는 바로 지금이라네.

눈물 보따리 외 1편

노 민 환

그대는
혼자 울고 난 후에
목소리에 하얀 소금기가 묻어 있나요

추억의 바다
조약돌이 파도에
깔깔 구르며 웃는 모습을 보며
몰래 눈물 삼킨 날에도
목소리가 하얀 소금기에 잠겨 있고요

그래요
마음 예쁜 사람은
분명 소금기가 곱게 남았을 거예요

지나간 작은 일들도
소중하게 더듬어 내는 그대는
지금도
오랜 기억을 풍선처럼 매달고
진분홍 채송화로 피어난 눈물 보따리.

해거름

바다는
노을을 그대로 품는다
홍시 빛 노을이 내려와 투영되어 담겨 있다

물 위로
둥지 찾는 새가 날고
육지까지 달려온 파도는
힘에 겨운 듯 길게 거품을 토하고 쓰러진다

저만치
바람 지나는 곳에 구름 밀리고
서쪽 하늘에 뿌려진
고운 색 물감이 차츰 지워지면
멀리 더 아득히
별 만드는 어둠 속으로 오늘 하루가 잠든다.

계국 외 1편

노 연 희

굽이치는 설렘 안고 노랗게 자꾸자꾸 피어난다
유유자적 그래그래 금빛 물결
마음의 창문도 스르륵 열리고
황금빛 뿌린 듯 물결치는 강변에서
바람 따라 온몸으로 전율하는 웅성거림
물결의 속삭임에 그림처럼 모습 드러낸다
뭉클뭉클 감동으로 환대하는 시선
찰칵찰칵 뿜어내는 반짝이는 숨결
짧은 시간 끝에 서 있는 열정 초롱초롱
조바심 한 올의 시향으로 사태진 꽃밭
저마다의 사연을 추억으로 나래 친다
이리저리 새삼스레 느끼는 선명함
흐드러지게 미소 깔린 끝도 없는 길
길섶 저 멀리서 한들한들
날갯짓하는 그리움 리듬 타고 걸어간다
뜨거운 햇살에 몸짓 익히며
차르랑 차르랑 한 자락의 여운 담아
여름으로 가는 길목에서 흔들흔들 목소리 되어 걸어간다.

독도

　휘영청 달빛 질펀히 품고 그 몸부림 그 울림 까칠한 그날의 달무리 더듬는다

　애간장 녹아 얽히고설켜 뒤적뒤적 드리운다

　별과 바다와 하늘 아픔이 진할수록 억새풀처럼 강한 의지로 지즐댄다

　가슴에 꽂힌 펄럭이는 태극기 휘날리며 불굴의 용기로 철썩철썩

　간절한 마음으로 분연히 일어선 심장 소리 터질 듯 내일을 꿈꾼다

　태산이라도 뚫을 듯 빼곡히 내려앉은 포말 무섭기까지 한 파도 쪼아댄다

　시련에 주저앉지 않고 눈물꽃으로 피어나 대쪽 같은 애국심 지키고 있다

　바람 불어도 꺼지지 않는 혼불 포르르 포르르 타오르고 있다.

어머니의 삶 외 1편

노 준 현

핏기 없이 떨어지는 낙엽처럼
찌든 살림살이에도
애간장 타들어가 가슴이 막혀도
근심 걱정 쌓여만 가도
담담한 걸음걸이로
삶을 걸러내며 살아오신 내 어머니

낙엽 떨어지는 소리조차 움츠리면서
보릿고개 넘어야 했던 살림살이
세월 속 쌓인 한이 있어도
소리 내어 울지도 못한 어머니
배어드는 눈물이 베적삼 흥건히 적시며
생을 달여 내신 어머니 그 어머니
내 어머니
그리워서 웁니다.

그리움 · 3

정 하나 남겨두고 떠나온
고향 뜰 산모퉁이에
뜨는 해처럼 스쳐가는 지난날들은
미운 정 고운 정이
그리움으로 사무쳐라

늦가을 찬 서리 내려
꽃잎 떨구는 바람같이
님 떠난 그 자리에는
허무만이 가득하여라

꿈같이 황홀했던 추억의 미소도
방황하던 낙엽같이 머물러 있어도
새털구름처럼 수많은 이끼 낀 사연들이
해와 달의 윤회 속에
이 가슴 한없이 타고 있어라.

여름날 외 1편

도 경 회

장마 사이 불볕이다
웃자란 잡초들
밭 매러 가신 어머니

선잠 깬 아이 업어 달래는 장독 뒤
이글 타는 볕살에
칸나꽃 더욱 붉다

퉁퉁 불은 젖을 안고
쇠비름 가라지 베뿌쟁이 갈아엎는
목이 타는 석류알 더욱 굵어지고
해는 아직 댓 발이나 남았다

무화과 가지 사이 폴폴 자리 옮겨 앉는
머슴새
앞마당 그득히 울어놓고 간다

도담도담 서성거리던 바람은
잠든 아기 배내웃음 보듬고
토란잎으로 달린다.

눈 내리는 밤

손목 힘줄이 툭 불거져 나온
적물이 된
어머니는
열사흘 달빛 고르고 골라
한 올 한 올 푼사 사려 꼬고 꼬아 합사 추려
포근하고 긴 실로 잠을 뜨개질했어요
사락사락 아리따운 꿈을 떠서
아가 이불 속에 듬뿍 넣어 주었지요
귓가에 잡히는 어머니의 노랫소리
당초호접 향그러운 숨결로 날아다녔어요
눈이 내리는 밤
어머니는 새하얀
뜨개질을 하고 있을 거예요
뜨고 뜨고 또 뜨고
착한 사람들이 사는 마을에서
걱정 없이 정성껏
뜨개질을 하고 있을 거예요
풀린 데를 금방 찾아서
조각난 내 가슴우리를 꿰매고
먼 길 헤쳐 온 발뒤꿈치 다 해진 회목도 고치고

하얀 눈 쌓이는 소리 소목소목 깁고 있을 거예요.

옥룡 동백림 외 1편

담 로

옥룡 백계산에는
천년의 역사를 품은
2만여 평에 칠천 그루의
봄 동백이 붉다

붉은 동백림에는 옥룡사지가 있고
옥룡은 도선의 호號이자
그의 신력은 숯 한 짐에
봉사의 눈을 뜨게 했다는
맑은 샘 이야기가 있다

옥룡 북초등학교 학생들은
늘 봄소풍으로 이곳에서 보물찾기를 했고
노산 이은상은 동백꽃잎에서 도선을 찾았지만
나는 한번도 찾지 못했다

옥녀玉女는 동백꽃 거문고에
동백꽃술 거문고 줄로
다선일미茶禪一味를 연주하면
뚝 줄이 끊긴다. 꽃 떨어진다.

비와 바람의 필하모니

비가 온다. 비가 오면 창문을 열고 고개를 내민다
비 오는 소리가 맨 처음 땅에 닿으면
흙 내음과 방초들의 향기가 코끝을 스친다

사박사박 발걸음으로 오던 비가 활엽수 나뭇잎을 밟으면
비는 바이올린 소리가 되고
침엽수 나뭇잎을 디디면 비는 첼로 소리 되어 울린다

낮은 풀잎을 밟는 빗소리는 높은 가지에서 떨어지는 비는
피아노 이중주로 들리며
양철지붕을 지나면 작은 북 소리가 된다

낮게 흐르던 개울물은 바리톤으로 음정을 잡고
굴리는 자갈 소리는 화음으로 바뀐다
여치가 하모니카를 분다

돌계단은 플루트을 연주하며 꽃잎에 떨어지면 클라리넷이 되고
 꽃술을 지나면 거문고 연주로 바뀐다
 장독은 드럼이 되고 가난한 집 지붕에서 새는 비는 실로폰이 되며
 바윗돌을 밟으면 하프 소리 되고 학독(절구)은 팀파니 소리로 울린다

소낙비 되어 비닐하우스를 지나면 말발굽 소리로 바뀌고
흐르는 개울물 위로 떨어지는 물방울은
너울너울 군무를 춤추는 무용수가 되고

돌 수각에 넘치는 샘물은 소프라노로 바뀐다
작은 폭포는 합창단이 되고 풍경은 심벌즈와 화답하고
바람은 지휘자가 되어 연주를 시작하면 새들은 침묵으로 감상을 한다.

대청호에서 외 1편

류 순 자

막힌 길 돌아 산 넘는 산
어둠 뚫고 누군가 오는가
챙겨 주는 산자락 따라 다정히 찾아가는
주름진 가슴 발돋움하며
귀기울여 가는 길
내 안의 순수는 이제 막 시작인가
속만 태우게 했던 인연이 아파
깊이 쌓아 둔 내 안의 바람 솟구치다
오랜 친구처럼 생각 마시며
소나무 숲 숨겨진 길 따라
풀과 나무 그늘 사이 처연히 자리잡았다
생각에 잠긴 나 깨우는 이
잡으려 해도 묻어나는 슬픔에
때 기다리는 나 지켜보는 건
텅 빈 공간뿐인가
가끔씩 날아오르는 새 보며
서리는 그 오묘한 빛 보리라
봄빛으로 물들던 날개 펴지 못한 내가
지금 슬픈가
소풍 나온 구름들 오는 듯 저만큼 서 있다
나도 찰바람 한 접시 내놓고 지나간 세월을
취기 어린 눈빛으로 눈물에 섞네
오래 익은 눈물의 향기가 나를 묻는다.

함께 흐르는 깊은 강 가득 피어난 투명한 빛
눈앞에 있네.

궁남지에서

해와 달 술래잡기하듯 흘렀어도
넓은 산야 어딘가 있을
서동과 선화공주의 향기
목숨 걸고 피는 아름다운 아픔의 절규를 듣네
저 찬란한 세월 헤매다
너울대는 맑은 혼 좀 봐
명부에서 보냈구나
이 땅 위 거룩한 뜻만 묵묵히 모아
아낌없이 나누네
잎사귀 닿는 촉각 주체치 못한
꽃잎에 눕던 바람도 시린 아픔 부딪쳐 오르는
불의 몸짓으로 소용돌이치네
해마다 사리된 긴장 깨어나고 있네
못다 부른 진리의 노래 벙그는 소리
들으리라
들으리라
소리가 묻으면 어쩌랴
기다림을 깨닫는 오늘 애타는 소리 스치네
기도 속 파랗게 목 쏙 뽑아
이마 끝 피워 올린 꽃이여
이 땅의 빛이어라
백년 넘게 천년 넘게
푸름 무성한 걸음.

눈 오는 밤에 외 1편

류 재 상

여보! 삶이란 온통 물음뿐이고 대답對答 하나 가질 수 없는
가장 빈곤한 것이라 할지라도, 이렇게 온 세상이 하얗게
눈 내리는 밤이면!
소중한 사랑의
물음 위에
나의 대답 하나 동그랗게
놓일 것 같습니다!
당신의
사랑 앞에 우리
가족의 무게가 참으로 무겁다 할지라도, 이렇게 온 세상이
하얗게 눈 내리는 밤이면, 당신의 밝은 용서와 이해로
우리 집 온 방안은
온통
행복으로
환하게 가득찰 것 같습니다!
여보!
이렇게
깊어 가는 밤,
하루의 고달픈
당신의 숨결 위로 이렇게 온 세상이 하얗게 눈 내리는
밤이면, 당신의 눈가의 잔주름도 오늘은 너무나 아름다워!
참으로

말 못하는 내 눈길이, 자꾸만 당신의 얼굴에 머물러 있습니다!

당신이 꿈꾸는 밤에

여보! 지금 막 창밖에 눈[雪]이 내리듯 그렇게 포근히 꿈꾸는
당신의 얼굴에, 오늘도 내 얼굴을 가만히
꽃잎처럼 포개 봅니다! 유난히 따뜻한 당신의
입술이
오늘따라 잘 익은 모과 향기로
온 방안에 가득합니다!
우리는 아직 제주도 한 번 못가 본 부부이지만
남들은 다 간다는 외국이 있는지도
잘 모르는
부부이지만, 여보! 오늘밤만은
당신의
포근한
꿈속에서, 하늘 높이 나는
비행기 신나게 한번 타 보시구려!
밤늦게 공부하는 애들 걱정은 오늘만은 내가 하겠습니다!
여보! 지금 막 창밖에 눈이 내리듯 그렇게
가장 포근히 꿈꾸는 당신의
얼굴에
건강한
우리 3남매의 미소를 별빛처럼
포개 봅니다!
유난히 따뜻한 당신의 손등이
오늘따라 촛불처럼, 온 방안에 환하게 켜져

있습니다! 여보! 창밖에
소복이 눈 내리는 아까운 이 밤에
제발
못난 남편이 사는 현실로, 꿈속에서 돌아오지 마세요!
꿈 많은 꽃밭의 이슬 같은 소녀로 계시다가
저 멀리 백마白馬 타고 오는 왕자님을 꼭 만나셔야 합니다!

밤늦게, 아직도 공부하는 애들 걱정은 오늘만은 내가 하겠습니다!

벌초 외 1편

리│창│근

산길 누워 있는
산자락을 오르면
나뭇짐 지고 내린 그 시절이 생각난다
한여름
뙤약볕에서
키로 자란 억새풀

아버지, 그 시절엔
아버지도 젊었지요
지금은 산지기 되어 이승과는 다르지만
또 다른
인간 세상 속
저승의 하늘나라

무성한 수풀 헤쳐
잡풀들 뽑아내고
잔디밭 키 높이를 낮추고 또 낮추며
아버님
평안하소서!
기도 속 소망 하나.

오늘을 사는 우리

국회는 난장판
세상은 공동묘지
어제는 화재현장
오늘은 추락현장
헝가리 유람선
다뉴브강 소용돌이
어쩌다 사람살이
이처럼 아찔한지
북한의 미사일 발사에
한반도는 대지진.

어느 달밤 이야기 외 1편

맹 숙 영

고즈넉한 밤길 시골 처녀들의
발걸음 소리 이야기 소리
고요를 흔들며 앞다투어 걷는다
논과 밭 사잇길로 들어
큰 웅덩이 앞에 이르른다
둥근달이 먼저 와 알몸을 담그고
물속을 즐기고 있다
모두 나무꾼의 선녀 되어
훌훌 옷 벗어 뚝방에 던져놓고
달을 깨며 사방으로 웃음 날리며
툼벙툼벙 뛰어든다
'애기씨 어서 들어와요'
어둠을 깨뜨리며 채근하는 소리에
나는 부끄럼 타며 몸을 움츠렸지
아직도 귀에 생생한
반딧불이 날아다니던 별밤의 소리
할머니댁 행랑채 언니들
아직 어디서 살아 있을까
때로 미소 속에 그려 보며
피드백 되돌려 본다.

쥐똥나무

사시사철 공원 둘레길에
사람들 발걸음이 날린 먼지로
허옇게 분칠하고도 불평 하나 없네

온 겨우내 땀나도록 손에 움켜쥔
까만 열매 쥐똥이라고 누가 뭐라 해도
가슴속 품은 깊은 뜻 누가 알리
놓칠세라 꼭 잡고 누굴 기다리나

딱히 기다리는 사람 없어도
앞을 지나는 길손에게
자기 존재를 알리고 싶었나

화려하게 치장한 오월 여왕 장미 아래
겸손하게 숨어 키우는 작은 꽃타래 향으로
지나는 이 발걸음 멈추게 하네.

감꽃 목걸이 외 1편

맹인섭

꿈길에서조차
마음 저린 강물이 흐르고
무명無明*이
무겁게 안개 속을 헤매일 때
아침 이슬에
해탈의 미소 머금은
노란 꽃단지를 보았다

어린 시절
수줍은 그리움 하나씩 꺼내어 엮듯이
품은 사랑 한 올 한 올 빚어 내려
바람 불면 날아갈세라
시간 흐르면 마를세라

오로지 붉게 타오르는 염원으로
백 리 길 날아오르니
기다리는 님 통천문*으로 들어서서
환히 웃고 있다

그제사
혼자 쓸어내리던 마음
염주처럼 감꽃 목걸이 걸어 두고
아무도 반겨 주는 이 없는

소슬한 어둠의 길로
다시 돌아간다.

※무명: 밝음이 없는
※통천문: 하늘로 통하는 문

볍씨

겨울잠 깨어
광 속에서 농부의 팔장을 끼고
아지랑이 리듬에 맞춘
봄날의 행진이다

황톳빛 이불 덮고서
질퍽한 물과 생명으로
세상을 가득 품고

세찬 비바람
따가운 햇볕 온몸으로 맞으며
창공을 향하는 들판에서
가을의 풍요를 노래한다.

먼 길 외 1편
―염전에서

모 상 철

난바다 너울 넘어 굽이쳐 달려와서
해안선 자장가에 숨 고르는 하얀 자락
갯바닥 두렁에 누워 볕쬐기나 하리란다

눈감아 오체투지 가없는 기다림 끝
땡볕에 내리 찍혀 바람 날[刃] 불꽃 튀면
해조음 골수에 사무친
사금파리 잔별들

막바지 탈바꿈에 해맑은 결정結晶 풀어
내 육신 갈피갈피 실핏줄 톺아 돈 뒤
버려져
영원한 어미 품에
회귀하는
먼 먼 길.

칼 갈아요, 칼 갈아
—한 칼갈이네 이야기

일출봉 바라보며 세월을 갈던 아침
구름 걷힐 기미 없이 비안개 짙어 갔네
갈아도 숫돌이 닳아도
서지 않은 무딘 날[刃]

삯일이 없는 날엔 푸성귀 도붓장수
소금꽃 찌든 아내 잠든 볼 눈물 자국
목메어 닦아 준 한밤
밖엔 아직 눈보라

칼로는 끊지 못할 피의 노을 허공 만 리
길 찾아 헤매어도 그 길 영 뵈지 않고
골목엔
녹슨 바람만
칼 갈아요
칼 갈 아.

묵은 고백 외 1편

문영이

장독대의 된장 속에
박아 놓은 장아찌처럼
깊숙이 아껴 두었던
나의 사랑을
이 세상 누구보다
행복해야 할
당신을 위해
이제 꺼내 놓으려 합니다

내 곁에 있어 주어
고맙습니다
이 생명 다하는 그날까지
당신만을
바라볼 수 있기를
나는 소망합니다.

편견

단단한 껍질의
모든 조가비가
진주를
만들어 내지는
않습니다

오직
고통을
감싸 안으며
품어내고
또 품어낸
조가비만이
찬란한 진주를
탄생시킵니다.

시인의 시詩 외 1편

민 수 호

시인詩人은
하늘과 땅 사이에서
일어나는 모든 것에 대하여

혼자서 문학의 자부심으로
시인의 용기와 양심에서
시의 카테고리로 쓴다

총칼보다도 더 무서운 문장으로
주장하고, 비판하고, 사랑하고,
노래하고, 당당히 표현해야 한다

시詩가 없는 세상을
상상이나 할 수가 있는가
차별 없는 인권까지 누가 감히 고문하나

억양이 없는 글은 무서웁게
표현으로 쓰고 생각으로 쓰고
시의 향기까지 포옹하며 쓴다

이 시대를 사는 삶의 송곳
희로애락을
당연히 만들어 간다.

석과불식※

하늘에 시커먼 먹구름
사회가 천둥 태풍 어지러워도
아무리 허탈하고 배가 고파도
자존심 땅에 나자빠져 뒹굴어도

그대들의 먹잇감이 촐삭촐삭
맛이 익어 천년만년이고 싶어도,

공정이라는 법칙의 희망은
뻥튀기 길바닥 함성으로는 결코
뭉개 없어지지는 않을 것이니

희망의 씨앗, 상식의 벌판에
석과불식 새겨 드리오니
알기나 하소서.

※석과불식碩果不食: 주역에서 인용된 말, 자기의 욕심 버리고 복을 넘겨준다는
뜻, 소인은 많고 군자는 몇 명만 있다는 비유.

죽서루 외 1편

박근모

오십천 벼랑 위에 묵향을 사르면서
암벽의 기를 모아 전각을 세운 슬기
두타의 푸른 기상을 암반 위에 심은 거장

평형을 잃은 초석礎石 균형을 이룬 공법
칸수도 기둥수도 제각각인 암상 누각
좌우의 기암괴석이 떠받치는 사개맞춤

청룡과 황용으로 사위를 경계하고
익공翼工과 주심포柱心包로 공포栱包의 멋을 담아
지세를 살펴가면서 벼랑 끝에 앉힌 망루

하늘을 여는 뱃길 황도를 나는 쪽배
안개를 가르면서 헤어가는 망망대해
천은사 범종 소리에 화답하는 파도 소리

죽장사竹藏寺 서녘 하늘 태백의 미인폭포
죽죽선竹竹仙* 눈망울에 앗겨 버린 해선海仙의 넋
관동의 제일경으로 명名을 세운 죽서루竹西樓.

※죽죽선: 죽서루 동쪽에 명기 죽죽선의 집이 있어 죽서루라고 하였다고 함.

촛불

촛불을
밝히면서
울분을 삭였었고

지축을 울리면서
하늘임을 고하였다

주인을
섬길 줄 아는
머슴이길 바라며.

몇 살이냐고 외 1편

박 달 재

'몇 살이냐고' 묻지를 마세요
달무리 젖어 고고한 이 밤
그대 얼굴이 아련합니다

기약 없이 헤어진 지 어언 육십 년
이때가 '이팔' 청춘이었답니다

오랜 세월 흘러 마주보는 지금
그대의 눈동자엔 오늘의 내가 있고
나의 눈물 속엔 그날의 그대가 있어

'몇 살이냐고' 묻지를 마세요
언제든 그대 앞에서만 서면
천진한 '이팔' 청춘이랍니다.

※육십 년 만에 만난 첫사랑.

약속

지금도 유효하나요

―너무 사랑하기에
그대 없는 천국보다
그대 있는 지옥으로 가겠다고

그대 없는 무료한 외로움보다
그대 있는 괴로운 아픔이 낫다고
한 번 두 번 수백 번을
다짐했던 그 약속

세월 흘러 흘러 백발
지금도 그 약속 유효하나요

―영원히 함께 해요.

※부부의 날

분노 없는 국경선 외 1편
―멕시코 마킬라도라

박|대|순|

　분노가 없는 장벽을 넘어 가난한 나라에서 온 소녀는 장미꽃을 닮았다. 이 장미꽃은 나름대로 햇빛을 찾아다니며 장벽을 넘어온 일밖에 없었다. 그 소녀가 장벽을 넘은 대가치고는 너무나 큰 죽음이었다. 예쁜 장미 한 송이 죽음은 긴 해 그림자를 만들었다.

　　머나먼 광야의 끝, 모세도 아쉬운 죽음을 맞이했다.
　　요단강 하늘 정원 밑으로 해맑은 미소를 남기고
　　서쪽 나라에서 온
　　아름다운 성탄절 카드처럼

어린양들의 언덕에서 반짝이는
진눈깨비처럼
슬픔 없는 국경선 장벽을 넘은
자유의 소녀가 예쁜 장미 한 송이로 피었으면.

추억을 따라간다

  소쩍새가 울었다, 어느 초여름 날 오후, 철쭉의 붉은 입술을 가졌던 그녀는 더 이상 고향에 살지 않았다. 눈이 밝아 다시 볼 수 없는 바람이 되어 바람을 따라갔다.

  나는 그녀에게 고백을 한 적이 없다. 처음 짝꿍이 되어 만났을 때 그녀는 너무 어렸고, 또다시 그녀를 길 위에서 다시 만났을 때 함께 동행할 준비가 되어 있지 않았다.

  따뜻한 기억들을 언제나 행복인 양 뿌려댔지만 삼류 연기였다. 나는 그녀와 함께 도망친 바람을 미워하지 않았다. 그 바람은 그녀를 유혹했을 뿐이다.

  상심한 풍문은 그녀가 누군가를 사랑한 것처럼 참새 떼를 통해 들려왔지만, 끝이었다. 바람의 구속이 끝나고 그녀의 흔적이 잘 보이는 세월 강가에 앉아 못다 한 이야기를 가슴에서 하나 둘 풀어 놓은 후에야 안타까운 잠이 든다.

  늦은 시간 소낙비가 온다.
  나도 종종걸음으로 추억을 따라간다.
  어느새 새벽노을이 되었다.

이별은 죽음인데 외 1편

박 | 래 | 흥

우리의 사랑은 잿밥에만 눈멀었다
난 로렌스 사랑만
넌 몰리에르 사랑만
초심의 에로스 사랑 지키지를 못했네

당신은 황금빛 사랑만을 요구할 뿐
내 소망 하나 되는
사랑은 알지 못해
서로의
욕망 채울 수 없어서 이별하네

우리는 김정은과 트럼프 사랑이다
네가 먼저 없애라 그럼 내가 풀겠다
서로가
믿지 못하고 받는 사랑만 원하네.

내 영혼 바람 되어

파아란 하늘에다 하이얀 구름으로
그림을 그리는 한줄기 바람 되어
할매가
꿈에도 그리는 대동강도 그리고

아빠가 넘어가다 쓰러진 철조망에
구름을 몰고 가는 한줄기 바람 되어
엄마가
애타게 그리는 아빠 얼굴 그리며

흑암의 우주에다 햇빛 달빛 전하고
꽃과 새를 스치는 내 영혼 바람 되어
우리의
소원 하나 된 한반도를 그리리라.

아기 바구니 외 1편

박 명 희

아침마다
아침 햇살처럼 환하게
내 방을 노크하는
아기 바구니

에미 애비 일터로 가고
혼자 남은 5개월 된 손자 녀석
변변치 못한 할매도 할매라고
벙긋벙긋 웃는 이 녀석
지금은 우유 몇 숟갈 자장가 몇 곡이며
만사 OK인데
네가 살아내야 할 그 세상은
어떤 세상일까
네가 세상에 묻는 질문에
명쾌하게 대답해 줄
그런 세상이 오기는 할 것인지
네가 누워 있는 바구니에
희망을 가득 담아 줄 수 있다면
얼마나 좋을까

그래도 그래도
손자야
정직하고 부지런하게

열심히 사는 사람이
훌륭한 사람이란다.

빨래집게

바람 불지 않아 추운 날
정지된 채 지워지는 무늬들이
시간을 집는다

사는 것이 늘 젖어 있는 것은 아닌데
마르지 않는다
짧은 겨울 해 때문일까
라벤더 향에 보송보송한 날은
언제나 지난 시간
오늘도 어제가 되면
그리워질 텐데

제 슬픔의 경계를 넘지 못하고
색 바랜 나일론 끈에 매달려
매일 퇴색해지는 추운 꿈
포장해도 삐져나오는 슬픔이
무늬 지워진 속옷처럼 널려 있다
그래도
북서풍 불면은
젖은 옷 날리지 않게
이를 꼭 물어야 할까

세월은 그냥 가지 않으니까.

평행선의 미로 외 1편

박 미 자

미궁에 빠질 때가 있다
노곤해진 틈새로 교묘히 비집고 들어오는 그녀가
때론 화근이 되기도 한다
안전지대에서 방심할 때마다
사소한 부주의에 꼬여 미로에 갇힌다
꽃길도 잃어버리고
설득의 미학으로도 꽤 많은 시간들을 고민했지만
별로 좋지 않은 결과를 가져온 그녀가
이상하게 당당하다
도무지 그녀의 열쇠로는 열릴 기색이 없다
출구를 향해 그 누구와 말을 섞어도
답은 명쾌하지가 않다
그녀의 사소함과 내가 지적한 예민한 일들이
억지와 복지 사이에서 팽팽하게 당겨지고 있는 중이다
봄이 오기 전 미궁에서 빠져나갈 수 있을까
그녀에게 유리하게 작성된
한 장의 문서가 단서가 될 수도 있겠다
입구와 출구는 공존하는 법
앞으로 허튼 틈새는 허락할 필요가 없다

눈알들
―CCTV

사방이 갑이다
익지 않은 마음을 허락 없이 가져가려 하거나
정반대인 것들을 조종하려는 이상한 갑질
최고조는 내치는 것이다
책임 따윈 편의에 의해 선택될 뿐,

눈초리들을 피해 숲에 들어간 적도 있었지만
결코 예외란 없다
팔방에서 눈들이 달겨든다
내부까지 속속 의혹의 렌즈를 들이대고
나뭇잎들은 월척이라도 꿈꾸는지
궁금증과 호기심으로 반짝, 기척에 민감하다

사적인 비밀은 이미 노출된 터
그렇다고 빨간 눈알들에 대해
각도나 화소를 낮출 수도 없는 일
초점이 흐리다고 안도할 수도 없다
사방 모두 개방되어 있고 감시의 곁눈질도 피할 수가 없다

피할 수 없으면 마주쳐야지
쓸데없이 달라붙는 것들을 떼어내고
울퉁불퉁한 사각지대에서의 반전이라면
숲을 자유롭게 들락날락하는 것이다.

장닭 외 1편

박 | 상 | 렬

세상이 잠든 새벽
고요를 가르며 목청껏 외친
나는 무죄다
자유를 외친 것도 아니다
그 무엇도 요구하지 않았다
느닷없이 위험은 다가오고
도망갈 수 없는 좁은 공간에서
무지막지한 검은 손이
가늘은 목덜미를 잡아챘다
무엇이 잘못되었을까
쾌락의 정점에서 권력을 휘둘렀나
각성하여 일어나라고 선동을 하였나
어둠 속 미몽으로 푸드득 활개쳤을 뿐
이해할 수 없는 이유로
쥐도 새도 모르게 처형되고
세상이 잠든 새벽
고요를 가르며 목청껏 외친
나는 무죄다.

가면

어색하지 않다
네가 부끄러워할 필요는 없다
선과 악의 차이는
서로 다르기 때문에
갈등하며 존재하는 법
아름다운 사람이 꺾으려 해도
장미는 가시를 숨기지 않는다
견줄 수 없는 자존심 때문이다
모두가 가면을 쓰지 말자
이미 뒤집어쓴 가면으로
역겹게 살아가는 세상에
가면 위에 가면을 쓰는 부조리
순수한 민낯을 버리고
또다시 짙은 화장을 한다
벗어 버릴 수도 없고
털어 버릴 수도 없는 무도회
휘청거리며 춤을 추는
세상은 온통 가면무도회다.

바다 · 15 외 1편
—날마다

박 상 진

수많은 파도가
밀려와 부딪히고 으스러져
발뒤꿈치로
세월이란 흔적을 남기고
떠난 이 순간도
파도의 이랑에 앉아
지나간 두둑에
호미질만 한다

예전부터 그랬듯이
맞닥뜨린 파도는
항상 크고 높아도
지나고 나면 별것 아니어서
밀려올 파도 두렵지 않지만
끝없이 달려와
뭐라고 귀중한 말을 해도
말뜻을 알지 못한 채
허구한 날 실랑이만 벌인다.

인연

맞바람 타고
창공 높이 날아오른 연
허리가 끊어질 듯한
아픔 속에도
손을 놓지 않는 연줄

필연인가 악연인가
연줄에게 묻는다

감아 때리면 때릴수록
정신 차려
꼿꼿이 서서 도는 팽이
바람 가르며 감아 치는
팽이채

앞뒤 자르고
악연인가 필연인가
팽이에게 묻는다.

비언어적 생 외 1편

박│숙│영│

빛과 그림자가 제멋대로
드나드는 마음의 빈자리
실의 무게도 버거운 시곗바늘이
하루분의 시간을
박음질해 나갈 때

나의 건조한 생의 주름은
간신히 방향을 잡아
한 땀 뒤에서 목을 축인다

저수지도 수영장도 아닌데 매번
같은 자리에서 허우적대며
한밤중의 가위눌림처럼 입 밖으로
터지지 않은 SOS를 외쳐 보지만

낮은 자의 외침은
사방 벽을 튕기며 메아리도 없이
내 안에 탄식으로 방음된다

다리 없는 자의 끈질긴 환상통처럼
물기 하나 없는 빈방에서의 수심이
날마다 깊어져 숨통을 옥죄어 오지만
호흡을 위해선 나만의 호흡법을 찾아야 한다

고통을 참으며 삼킨 눈물이
복수로 차올라 숨이 막히기 전까지…

다리를 얻은 대가로 목소리를 잃은
억울한 인어를 대신해
깊은 수심 속에서 안식을 얻을 수 있다면
나는 기꺼이 두 다리를 자르고
낭자한 피비린내 속을
유유히 헤엄치는 야광 심해어가 되어

끝인지 시작인지도 알 수 없는
시간의 무한 변곡점
어느 중간점에 기대서서
생으로부터 오는 생채기로 퍼렇게 날 선 침묵을
물고기들의 복화술로 다독여 주리라.

상념의 판도라

아무 날도 아닌 어느 날 갑자기
시간은 더 이상 흐르지 않고
그저 한 조각 흩날리던 햇살을 머금은 채
그날의 기억 속에 머물러 있다

4월의 풍경은 찬란한 총천연색이지만
언제고 닥쳐오는 흑백 정지 세상
인생은 TV 녹화방송이 아닌데도
마치 꿈속인 것마냥 내 의지와 상관없이
리모컨의 누름도 없이 제멋대로 멈춘다

덧없이 포개지고 접혀지는 시간들
아슬아슬하게 쌓아 두고
봉인해 둔 시간의 염증들 건드리면 쏟아질까
무너질까 두려워 침묵을 견디며
누구도 범접하지 못할 안전막을 친다

밀려 나오는 한숨조차
내쉬지 못하고 일시 정지
막을 수 없는 꽃의 개화기에는
벌게진 뜬눈으로 겨우 침을 삼킨다
훈풍이 불 때면 상한 기억으로
진통의 주기가 거짓말처럼
심장박동만큼이나 빨라진다.

살아온 흔적 외 1편

박 연 희

오래된 노트에 낙서가 정겹다
살면서 많은 것을 알아가며
부질없는 것을 버리고
새로운 것을 스케치하여
흔들리지 않으려 애쓴 흔적을 보니
살아온 날들의 애틋한 사랑이어라

빼곡하게 쓰인 소소한 얘기
수줍은 여인의 달달한 언어가
가슴을 훈훈하게 하여 웃는다

많은 것을 비우고 채우며 공간을 넓혀도
아쉬움 간직하며 떠올릴 그만의 비밀
지워지지 않길 바라는 소망이 아닐는지.

언젠가 나도

비가 내린다
허전한 가슴을 적시듯 비가 내리고
작은 소망을 약속하던
미소가 비에 젖어 안겨 온다

마음에 불을 지르며
몸을 휘감는 바람처럼
울적한 기억이 엄습해
적막한 지금 비가 되어 내린다

행복한 기쁨보다는 안타까운 현실
꿈을 꾸듯 그렸던 허술한 사랑
혼자서 꿈을 밟아 눈물 흘리듯
촉촉한 비가 내린다

이제는 시간 속에 묻혀
톡톡 꺾이는 추억을 쓸어 모아
답답한 가슴에 꽃을 피우자.

황혼 외 1편

박 영 숙

퇴색된 좁은 툇마루에 앉아
삶에 찌든 주름진 얼굴로
햇볕 쬐는 검버섯 핀 모습에서
지난 세월 소용돌이 속에
생존의 몸부림친 상흔이 흐른다

마른 입술로 몽실 띄운 구름이
그리움 꽃으로 피어나는 건
이팔청춘 과수댁 목멘 설움일까

저 여인의 구십년 쌓인 연륜은
결코 짧지만은 않았으리라

황혼은 외롭다고 자위해 보지만
나의 모습이 겹쳐 보이기에
코끝이 아릿하고, 찡하게 울린다.

치매 노인

현관 귀퉁이 홀로 세워 둔
등 굽은 지팡이가 갑이라 한다
지난 세월 묵묵히 앞장서서
진 땅 마른 땅 가리키며
낡은 등까지 내어 주던 지팡이가
무슨 힘이 저리도 남았는지
꼭두새벽부터 저물녘까지
서슬 퍼런 지휘봉을 휘두른다
젊은 시절엔 을이었지만
오늘은 내가 갑이라고
땅을 내려치는 호령이 당당하다.

사랑은 외 1편

박 영 순

여자가 눈물 흘릴 때
남자는 눈물 삼키는 것
백년이 흘러도 피가 뜨거운 사위

어제는 삶이 끝이었지만
오늘은 다시 일어서는 용기
용기를 내리는 격려

타락한 검은 불나비가 마음에
자꾸만 잊혀지지 않는 것
까마귀 새끼는 까맣다
귀여운 까망

백로는 하얗게 숲을 난다
그런 것이 사랑인 줄은
바람은 안다
사랑 실은 바람이 분다.

시간의 틈

시간이 맞지 않는
시계를 보며
누군가와
약속이라도 한 것처럼
불안하다.

호수에서 산은 외 1편

박영춘

물안개
휘감은
산봉우리
스르르 잠겨

초록빛
호수에 풀어
그렇게
한빛 되누나

앞산 뒷산
한몸 되어
그렇게
파란 하늘 품누나.

욕심

닭장에 쳐들어가
닭모이를 몰래 축내는 녀석들
욕심 맛 좀 보아라
닭모이에 약을 소복하게 섞어
쥐 집 대문 구멍 앞에다 만찬을 차렸다

쌀자루 옆구리 삭둑거려 구멍 내놓은
못돼먹은 욕심꾸러기 어미 쥐
들깨 자루 살살 갉아 밑창 뚫어 놓은
버르장머리 없는 어린 쥐새끼
정신머리 없는 녀석 둘이 마주 앉아
모처럼 저녁 식사를 맛있게 포식했다

몇 초 뒤의 운명은 아랑곳없다
당장 눈앞의 욕심이 제일이다
그저 이게 웬 떡이냐
그저 이게 웬 횡재냐
부른 배 또 부르게 허겁지겁 먹어치웠다
욕심 주머니 한껏 가득히 채웠다
그 후 욕심꾸러기 보이지 않았다
그 후 불법 협잡꾼 들랑거리지 않았다.

목련꽃 외 1편

박 일 소

흐린 날에도 맑은 그리움으로
머리를 허공에 대고
도란도란 속삭이듯
하얀 등불 밝히는 너
순백의 아름다움이 밝구나
목련화로 핀 그 옛날 내 사랑
허공 속에 맴도는 이름
가만히 불러본다.

가슴에 내리는 비

이슬 찬 길에
너를 보내고
눈물 보이지 않으려
뒤돌아서는 발길은
가슴이 무너져 내리는
파도 소리를 듣는다

비 내리는 어둠 속으로
멀어져 가는 네 모습
보지 않으려
속은 까맣게 타들어가
하얀 재 되어
시름시름 생기 잃어가던 모습은
여름날 뜨거움에 시드는
마른풀 같았다

흐르는 물길도 막아 버린
비 내리는 어둠 속에서
갈 길 잃고 얼마를 더
방황해야 할까

가슴속에 남모르게 내리는
끝도 없는 빗줄기

너를 보내던 날부터
나는 생을 묻어 버린
소용돌이치는 강물로
오늘까지 산다.

그림자·71 외 1편

박 준 상

분노는
나를
죽이는 것이다.

그림자 · 100

복수초는
칼바람이
불어도
고난을
이겨내고
겨우내
언 땅을
밀어내고
핀 꽃이다.

달빛 외 1편

박｜진｜남｜

이 새벽 저 꽃빛이
유난히도 밝습니다

그대라면 저 꽃빛을
나를 보듯이 볼 것이니

가슴에 품어 두었다
글로 새겨 보내렵니다

두 손으로 받쳐들고
마음으로 눈여겨보면

저 꽃빛 바로 되살아나
그대 온몸을 비출 테니

영원히 이 눈부신 꽃
아껴 보시기 바랍니다.

천사의 다리

이제 와서 걷습니다
가슴속 금빛 다리

고향 등진 그 세월이
구부러진 지금에야

천사들 손을 맞잡고
어서 오라 반깁니다

차들은 다리 위를
배들은 바다 위를

경주하듯 달립니다
미소 띠며 달립니다

내 고향 가는 이 길이
갈매기 닮아 좋습니다.

운평선雲平線 외 1편

박|찬|홍

하늘과 바닷물이 출렁이는 수평선
하늘과 넓은 들이 소근대는 지평선
하늘과 흰 구름 떼가 마주하는 운평선※

파란 세상 하얀 세상 티끌 없는 맑은 세상
하늘이 잠깐 잠깐 어쩌다가 펼쳐 보는
선택된 사람들만이 볼 수 있는 운평선.

※운평선: 대항항공을 타고 유럽 여행을 가는 중 타클라마칸 사막 위를 나는데, 건조한 사막지대라서 검은 구름은 일체 없고 흰 구름만 뭉게뭉게 떠돌다가 어느 시점에 가서 갑자기 흰 구름이 일직선으로 펼쳐지면서 운평선을 형성했다가 금시 사라졌다. 너무나 황홀한 광경이었다.
내가 운평선을 보고 대형 백과사전이나 국어사전을 펼쳐 보아도 운평선이란 그런 용어 자체가 없었다.

빈손

두 주먹 불끈 쥐고
이 세상에 태어나도

갈 때는 두 손 펴고
빈손으로 가는 인생

허욕은
던져 버리고
구름같이 살다 가세.

아내의 사다리 추석 외 1편

박 | 현 | 조

버킷 리스트 1,

45년 사다리 추석
아내를 모르고 살아왔다

웃음을 잃은 아내의 키 높이,
왜 나는 모르는가

아내의 발끝에서
정수리에 이르기까지
근검의 수건을 두르고 있었다

그 수건을
아직도 내려보지 못했다.

이웃을 찾아가기

버킷 리스트 2,

나는 사마리아 여인이
되지 못하고 있다

나를 향한
구원의 손짓을
아직도 모른다

내가 구원받기를
기도할 뿐이다.

파시波市 외 1편

박 | 화 | 배

풍어의 만선이
들물처럼 포구에 밀려오면
한산했던 선창은
바다를 몰고 온 뱃사람들의 갯비린내로
금방 북적이는 난장이 되었다

여러 날 바다에 몸을 적셨던
어부들은
포구의 흙냄새로
몸에 돋은 지느러미 털어내고

파리만 날리던
부둣가 술집엔
어느새 파도 소리보다 높은
술집 시악시의 노랫가락 소리가
사연에 절어 눈물처럼
포구에 흘러 다녔다

구릿빛 사내들은
펄떡거리는 물고기처럼
가녀린 노랫가락의 가슴으로 파고들어
작부의 아랫도리를 더듬으며
객창에 몸을 뉘었다

그랬지
그땐 그랬지
사연을 담보 잡히고
빚더미에 떠밀려
이 섬에까지 흘러들어 와
선창이 젖도록 노랠 부르고
눈물로 사랑을 팔며
나도 점점 바다가 되었지
그래도 그때가 좋았어

눈물 가득 글썽인 채
바다를 바라보며 얘기하는
초로의 여인 눈가에는
깊은 주름이 바다에 물들어
파시*가 일고 있었다.

※파시波市: 물고기가 한창 잡힐 때 바다 위에서 열리는 생선 시장.

메밀꽃

달빛이 뿌려 놓은
순백의 언어가 수런거리며
속삭이는 메밀밭

그리움이
별빛으로 점점이 흩어져
은하수길 하얗게 떠가는
메밀꽃 무리

눈 감으면
더욱 많은 별 되어
밤하늘에 흘러가는
그리움 조각들.

관리기 외 1편

박 희 익

너로 인하여
간지러운 내 등을 근질어 주고
내 얼굴에 주름살 펴진다

당신은 내 안에 관리기 되어
부드러운 흙으로 이양을 만들고
새로운 생명을 태어나게 하고

새싹이 나올 때면
나는 당신을 한없이
사랑하게 된다.

나비

달려 있으면 아름답고
향기도 주는데

낙화와 이별
눈가루가 되었다

이마에 붙은 꽃잎
슬픈 모습 보이니

길지도 않은 삶
떨어져 뒹굴어

작은 나비 되어
마지막 땀을 빨고 있다.

내가 밉다 외 1편

배 갑 철

새벽은 눈을 뜨고
서부산 개발 주역들이 먼저 왔나
출근길 을숙도 다리 차들은 차례가 느선하네
시간은 이렇게 가고

햇살의 새벽 꽃은 모든 생채
가슴으로 스며들어 현세가 춤추고 있네
저 영원의 하늘 염원하는 영생의 나라
영들의 삶도 맑고 밝을까

계절은 8월이고
들[野]은 푸름이 번들거리고
열매 익는 황금의 들 어제가 그리워도
몸과 마음 따로 사는 힘없는 농부
내가 밉네요.

글의 신神

예리한 칼 끝 같은 연필로
문학이란 곳에서
작가라는 자아自我에 창작이란
길고 짧은 울고 웃는 눈물을 심는다

작가 창작은 살아온 서정에 반죽된 글로
책으로 환생 담겨진 삶의 소사小史
가슴에 미련을 두고 세상 나선다
공감의 독자를 찾아서

이렇게 영육에 문학이란 생기를 담은 책은
씨와 열매가 있는 토종화花가 되어
독자의 가슴에 공감의 뿌리가 나면
눈물이 있어 책은 서고에 앉고

작가는 문운이란 사다리에 오르고
독자는 더 좋은 삶으로 옮겨 앉는다.

가시라! 꼭 혼자 가시라 외 1편

배 동 현

세월의 노역에 지친 당신이여
이제는 돌아가시라
기해년이 돌아왔다는 분통을
미련 두지 말고 혼자 가시라

형산강엔 지금
지친 지진이 고여 넘쳐나고 있고
그곳엔 지금 눈물바다뿐인
머구리 배 한 척
누가 머물렀던 자리이던가요
서릿발만큼 너무 찬 내 허리춤에
바람이 왔다 가고
어머님의 그리움만큼이나 짜고
털털하다

오늘 이 산 너울에 지는 저 해를
물끄러미 바라보는 3·1절의 누나는
말문을 닫고
"믿어서는 안 되는 놈들" 이라며
분통해하고 있다

철갑을 둘러친 저 소나무는
오늘도 아직도 웅웅 울기만 하는데

두고 갈 산야의 여유를
밀치고 있는
동생 친구 홍제가 찾아와
싱긋 웃으며
결코 만용하지는 않는다며 돌아갔다

기해년이 내 나이보다 더욱 차가운 이유는
단지 나이 때문만큼은 아닐지니
오직 반공만을 탓한 만큼은 아니다
걱정일랑은 천지간에 늘 몽땅 버려라!
하시니
우리는 함께 가야 할 패거리일지라
오직 한 동족일 뿐일지니
통곡하라! 크게 통곡할지라!

무장산의 갈대

무장산에 바람이 지니
갈대가 운다
오케이 오케이 하며
갈대가 운다
해가 갈수록 더욱 크게 운다
오케이 목장의 혈투가
세월이 흘러가도
끝은 없고
총소리만 커진다
해가 갈수록 총소리만
자꾸 커간다
이러다간
불국사가 놀라 잠 못 들면
그때는 어떡하나?
갈대들의 회의가 진행 중이다
서걱서걱 갈대들의
걱정이 태산같이 쌓여 간다.

마음꽃 외 1편

배 종 숙

하얗게 스며 오는 그리움
고추잠자리 꼬리 끝에 매달고
가을 문턱 앞에 서성인다

창가에 서서 바라보는 그녀
낯설기만 한데
가만히 이름 불러본다

마음 시려 올 때면
하늘 올려다보고
울컥하는 가슴 저려 올 때면
추억 들여다본다

우직한 겨울 소나무처럼
희망 보듬고
애증의 빛으로 일렁이며
반짝인다

긴긴 밤 달빛에 스며든
해맑은 속살거림
한 가닥 한 가닥
그림자 곁에 놔 두고 피어오른다.

가을은 시인이 되고 싶어한다

산자락 뭉클한 설렘
들켜 버린 듯
붉게 물든다

눈부신 하늘 올려다보면
작은 마차가 사뿐히 내려앉은 듯
풍성한 감성 덩달아 쏟아낸다

풀벌레 소리 들꽃처럼
저마다 하늘 열고
향기를 밟고 간다

언덕길 흐르는 물소리에
먼 산이 잠겨 오고
사랑도 풀잎처럼 돋아난다.

길동무 외 1편

백 덕 순

바다가 보고 싶은 그런 날
하루 중에서 반토막도 안 되는
너와 나만을 위해 준비한 시간

내 안에 너가 있고
너 안에 내가 있는 우리는 길동무
보석보다 소중한 인연 하나가
정갈한 삶의 의미가 된다

막힌 벽 허물어지듯
아내의 자리도 내려놓고
엄마의 자리도 내려놓고

웃고 있어도 눈물 나는 황혼길에서
너와 나의 자유는 날개를 달고
금발 머리카락 휘날리며
달맞이 고개로 임 마중 갈까
바람난 미친 바람을 잡으러 산으로 갈까

오늘도 운명의 벽을 넘지 못하고
목에 걸린 삶의 무게 찜질방에 풀어놓고
풀지 못한 여자의 일생을 베고 누워
젊음을 꺼내 보며 가는 세월 막지 못해
너와 나의 가슴에 추억 하나씩 달아 주고 있다.

낭만의 둥지에서

황토색 벽 쪽으로 기대어
그림같이 앉아 있는 그대가
하얀 국화차 향기에 취해 있을 때

어디서 어떻게
돌려받을지 모르는 내 마음을
허락도 없이 조금씩
조금씩 가져가고 있었을까

은하수 다리에 걸터앉아
토끼 얼굴 그리던 하얀 반달은
낭만의 둥지 창가에 피고 지는
노을 꽃 풍경도 그리고 있었을까

공기보다 무거운 침묵이
마지막 찻잔에 채워지고
진한 흙냄새와 빈 공간을 채워 주던
해와 달 그리고 별 사탕 모양의
담배 연기와도 이별을 할 시간

허공 속에서
헛돌다 마주치던 눈길은
이별을 준비하고 있었을까?

낚시터 터줏대감 외 1편

백 성 일

회천 낚시터 터줏대감 사라졌다
언제부터인가 날밤 없이
낚시터에 보리짚 모자 쓰고
앉은뱅이 허수아비처럼 앉아
세월과 씨름하던 사나이

회천 붕어 씨 말리겠다 나무라면
전생의 용왕님께
빚 놓은 것 받는 중이란다
소주 한 잔 하면
아들놈 국가 태권도 대표선수 되고
딸년 구급 공무원 시험 합격하면
내사 부러울 것 없다 하며
기세등등하다

풍문에 아파트 경비로 취직했다 한다
아마도 용왕님께
받을 빚도 대충 받은 모양이다
경비실에 다리 부려진
장승처럼 앉아
낚시터 완장 찬 반장처럼
회천 낚시터 터줏대감 살판났다.

여름 끝자락에서

여름 끝자락에서 마지막 힘을 다하여
처마 끝에 대롱대롱 매달려
힘겹게 붙어 몸부림치는 너는
숨 쉬기도 갑갑하게 권력을 남용했다

가을이 처서를 앞세워
무더위를 사정없이 밀어내며
또다시 권력은 가을로 이동한다

마음 간사하여
푸른 녹음도 쉽게 잊어버리고
서늘한 바람과 함께
빠르게 물들어 간다

서운하게 생각하지 마라
살아 있다면
또다시 만나는 날 있으리.

나그네 웃음 외 1편

변 보 연

바람이 구름을 불러와
천상에 계율을 어지럽게 하니
하늘이 진노하여
마구 꾸짖는데

구름 위 태양은
눈을 감고 귀를 막으며
어지러운 세상을 보지 않으려
밤하늘에 숨어 버리지만

쏟아져 내리는 빗물방울에
젖은 매화는 봄이 눈앞에 왔음을
기뻐하는지 벌어진 입술에
웃음이 만연이어라

갈 길 재촉하는 나그네도 활짝 핀
매향에 취해 잠깐 머물러
탁주 한 잔에
시 한 수 걸어 놓고 웃으며
떠나가는 김삿갓.

국향의 계절

찬바람에야 제멋 뽐내는 국화는
봄부터 여름 몸매 다듬어 가꾸더니
아름다운 꽃향으로 맞은 가을은
그대의 계절입니다

십 리 길 구름밭도 마다하지 않고
산 넘어 가고 오며
빈 그릇도 가득 채워 주는 향내
바람 업고 고개 넘고 넘어
석양 길 노을 젖어드는 향촌에
물씬 풍기는 향내지만
제철이 지나면 미련 없이 버리고
다음 해를 기약하고 사라져 갑니다

나무 그늘이 산자락으로 내려와
그 향내 묻혀 버려도
밤하늘 별들은 사랑을 속삭이고
찬바람 찬 서리 산을 넘고 넘어와
겨울 준비 바쁜 하루가 저물어 가지만

그래도 사라지지 않고
송이송이에서 쏟아져 나온
향내에 젖은 국화는 가을의 표상이며
그대의 계절이어라.

고성찬가[※] 외 1편

서 병 진

1.
천왕산 높아 높아 큰 고을을 이루고
오랜 터전 옛 가야 유서 깊은 고장
기름진 옥토마다 오곡백과 황금물결
미래의 큰 꿈을 한 아름 품어 보세

아~ 아~ 자랑스런 내 고향 고성
길이길이 빛내자 내 고향 고성

2.
당항포 물결 소리 가슴에 안은 사랑
천년학들 날아와 인걸 많은 고장
공룡들 날아날아 바다 건너 전 세계로
미래의 큰 설계 한없이 펼쳐 보세

아~ 아~ 자랑스런 내 고향 고성
길이길이 빛내자 내 고향 고성

※작사 서병진, 작곡 정원수

고성 바람

고향 바람
사랑 바람 분다
고성 당항포로 가자
바닷바람 안고서 걸으면
구국의 충절이 생각난다
출렁이는 파도에 사랑이 운다

고향 바람
사랑 바람 분다
고성 철둑으로 가자
대독천 흐르는 물소리
갈대숲 새소리 아 옛날이여
황금들판 기름진 고성에 살자.

개망초 외 1편

서 정 원

들 빈터
여름철에 무리지어
온산과 들판을 점령하는 너

왕성한 번식력으로
들불처럼 퍼져 농사 망친다고
개망초皆亡草로 불리우던 너

찬란한 장미의 계절에 태어나
사람들 장미꽃 요부짓에 정신이 홀려
눈길 한번 주지 않아도
꽃말처럼 화해 손길 펴주는
조강지처 같은 너

격동의 세월 지나온 한반도 방방곡곡에 피어나
6월이면 조국 위해 피 흘린
무명용사의 넋으로 피어나는 꽃.

북간도
―연변 여자

끝 간 데 모르는 옥수수밭
지평선 너머 뻗어 있는 푸른 논밭

잠들지 않는 핏줄의 맥박 소리
저곳에서 들려온다

저 산 위 일송정 정자
옛님들 말 달리던 곳
단군의 넋을 이어받아
한 언어 지켜 온 핏줄

가난 때문에 가슴 깊은 곳
슬픔을 숨겨 놓고
서울의 하늘 밑 떠도는
기러기 엄마들.

뉴스를 보다가 외 1편

성 진 숙

아파트 청약
107:1
당첨!
거짓 쌍둥이 임신
탈락??
당첨!!
입주 후 낙태
탈락
@@@
몹쓸 세상
저만 살 것다고
씁쓸한 하루.

가을 하늘

이 가을날
징그럽게도 예쁜 하늘을
다 볼 수 없음은 슬픈 일이다
네모난 창밖의 세상이
전부일 거라며
창틀 빼곡히 가을을 매달아 놓고
하늘을 바라본다
실바람 한줌 부리더니
눈부시게 하얀 솜털을 끌어모으다
하늘 가득 그림을 그리는 구름
금물결이 출렁거리다가
곰 인형이 되는가 싶더니
한참을 나뒹굴다
창틀만 한 수채화 한 점
덩
그
러
니.

그림의 바람 외 1편

성 후 모

세상을 걷는 바람 한줌 끼어안고
고향 마을 어귀 정자나무 같은
정겨운 추억 발밑 지금 와서
문득 생각이 나서 애잔한지

봄하늘 시공 위에 떠도는
구름 한조각 따마시고
어김없이 찾아드는
남녘의 시골 마을 제비꿈을

담아가는 도시의 버림받은
늙은 객지 점지되어
그래도 잊지 못할 첫사랑
봄비 주적이는 밤거리를 돌며

저 앞을 걷는 여인은 엄마 같고
누님 같은 착각의 어설픈 술기운
한 마리 추억의 새가 되어

훌쩍 떠나 버린 가슴 아린 미련 두고
혼자만 곱게 담아 두고 삽니다.

우리의 서울

천이백만 생명의 젖줄인
우리 한강은 늙지 않는 꿈이 보인다
여의도 마천루 빌딩 숲속에
정겹게 휘몰아쳐 흐르는
저 푸른 물결을 본다

한반도 태양은
더 빛을 발해 가고
우리 푸른 서울 바른 터엔
밝은 역사가 핀다

시공을 빼곡히 선
내 정다운 이웃들 웃음소리 듣고
모두가 건강해야지
늘 기도하는 마음으로 세상을 산다.

그리스인 조르바 외 1편

손|귀|례

태양신과 포도주의 신이
선창가에서 만났으니
찰떡궁합인가 불협화음인가

이성적인 두목 카잔차키스
낭만적인 건달 조르바

철기같이 뻣뻣한 카잔차키스
구리처럼 유연한 조르바

크레타의 야생마 조르바
그리스인 조르바

그는
바라는 게 없어 두려울 게 없고
두려울 게 없어 거칠게 없는
자유로운 영혼

그가
결혼 밑천으로 장만한 산투르로
멋들어지게 연주하면

태양신도 취해

얽히고설킨 실마리가 풀리니

바카스 같은 남자
조르바를 위하여
건배~

※아폴론은 이성적이며 논리적인 사람을 대변하고 디오니소스는 감성적이며 즉흥적인 사람을 대변한다. 디오니소스는 로마어로 바쿠스가 되었고 한국의 드링크제 '바카스'는 바쿠스에서 따왔다.

꼭

꽃, 피어야 할 것은
꼭 핀다

거적 속에서도
바위 틈에서도

반드시 피워 올린다

재미있게 사는 세상 외 1편

손 병 기

시간은 쉬지 않고 앞만 보고 가고 있다
오늘도 새로운 삶을 기쁨으로 맞아들이니
거대한 꿈과 희망이 우리 집을 감싸네.

대망을 가슴에 안고 구슬땀을 흘립니다
화려한 꿈의 대행진 향기로운 가정 생활
거대한 변화 물결이 찬란하게 빛난다.

한반도 영롱한 빛 세계로 비쳤으니
슬기로운 생각을 담아 미래를 개척하면서
진정한 인간 중심의 복지사회 만든다.

나이테 세어 가며 자신을 돌아보고
세밀한 정보화에 내일은 행복하다
언제나 어디에서나 재미있게 웃으며 산다.

희망찬 밝은 내일

두 주먹 불끈 쥐고 세상에 태어났다
고고의 울음소리에 앞날은 창창한데
어버이 사랑 속에서 옹골차게 자란다.

사람이 서로 만나 즐겁게 살다보면
날마다 좋은 일이 해마다 기쁜 일이
집안에 가득 쌓여서 웃음꽃도 절로 핀다.

지난날 이랑마다 씨 뿌려 가꾼 보람에
알알이 익은 열매 오늘에 바라보며
흘러간 인고의 세월 추억으로 맞는다.

흐르는 시간 따라 햇살이 행운 되어
서로 돕고 나누면서 함께하는 마음 길러
희망찬 밝은 내일을 웃으면서 가꾼다.

업장 소멸 외 1편

손 수 여

돌호박같이 움푹 팬

그대 품에서

이무기처럼 오랜 세월을

똬리 틀고 앉아

덕지덕지 쌓인 업을

한 겹 두 겹 벗겨내고 있다

참선으로

닦아내고 있다.

복 들어온 날

중복을 앞두고 작은 아들 내외가 주말이라서 식당 저녁 예약을 하고 왔다.

아들은 모비스 기술연구원으로 분당에서, 며느린 공립고등 교사로 구미에 사는 주말 부부이다. 지난해는 다섯 살, 세 살이던 손자 손녀를 할매가 돌봐 줬기에 제 엄만 대구에서 출퇴근을 했다. 어느 날 출근길 라디오에서 들었던 정보의 그 맛집을 미리 가 보고 우릴 초대했다.

겉보기엔 어느 구청 앞에 있는 평범한 식당이었는데 앉은 자리 상 위에 깔린 종이 보의 문구가 눈길을 끌었다 "사랑으로 요리하고 복을 담아" 복을 주는 〈복들어온날〉에서 며늘 또래로 뵈는 주인공 김 셰프를 만났다.

한두 가지씩 요리를 해 와선 설명과 어른 아이 취향에 맞춰 주는 그에게서 진정성이 묻어난다. 나오는 요리마다 정갈하고 맛있다. 언행일치, 순서를 기다려 주는 손님에게 고마워하고 짤막짤막한 칭찬도 아끼지 않는 배려 문화를 젊은 그 셰프에게서 대리만족의 기쁨도 맛봤다. 참 복 들어온 날이었다.

가을의 미소 외 1편

손 진 명

우리 모두 기뻐해요
하느님이 주신 선물을

온 산천 나뭇잎들
수줍은 색시처럼
불그스레 익어 가는
가을의 미소

우리 모두 웃어요
세파에 그을린 마음을
익어 가는 잎들처럼
불그스레 미소 지어요

이것은
하느님이 주신 선물이니
우리 모두 함께 받아
단풍잎처럼 맑은 웃음 피워요
하느님의 모습대로.

귀로에 서서

꽃은 주어진 무게만큼 살다가
자연의 부름에 핀 순서대로 지네
간혹 설핀 꽃도 낙화로 지지만
그것도 자연의 순응인가 봐

여태 무심히 보아왔던 꽃을
오늘에서야 자세히 들여다보니
낙화가 나란 것을 이제서야 알고
지는 꽃을 붙잡고 물어보아도
시간이 저만치 내 앞에 가있네

인생 귀로歸路에 서서
걸어온 먼 자갈밭 길을
되돌아볼 뿐이다.

시인 외 1편

송|봉|현

눈물에는 서러움 담겨 있습니다
눈물은 감격이 녹아 흐르기도 합니다

시인은 나비처럼 날아다니며
서러움 감격 나누는 맑은 눈물이어야 합니다
행복한 세상 열어 가는데
시인의 노래가 앞장서야 합니다

구름 속에 갇힌 윤리
햇빛 하늘로 끌어내는 일에
시인은 몸부림쳐야 합니다

굴곡지며 이승 곳곳 외로움 아픔
상큼한 위안 글 한 줄 보내
친구 되어 일으키는 천사여야 합니다

길가의 풀 한 포기
아무도 보지 않는 산골짝 웃고 있는 들꽃
그 아름다움
시인은 목 터지게 노래해야 합니다.

연가

그대는 새가 되어 날아갔지
날개 흔들어 바람 일으키며
푸른 하늘 누비고 갈 때
연기처럼 꿈틀대던 연기 보았는가

하얀 구름 사이로 떠나간 뒤편
그대와 나 연결하던 끈
찬란한 저녁놀 타오름 있었지

그댄 외롭다며
동백꽃 모가지 뚝뚝 떨어지는 봄날엔
글썽이고

가을 햇살 빛나는 날엔
속 태워 멍든 가슴 내밀며
사무치게 그리워 아팠노라고.

봄 소식 외 1편

신 동 호

별들도
나무도
바람도
겨울 숲에서
움츠렸던 작은 새들도

환희의 역마로
실려 오는 기쁜 소식을
듣는다
봄은!
하늘 끝 닿은 안개 숲으로
와서
핑크색 작은 아씨의
얇은 옷자락에 와 머물고

온 하루 혼자 서성이다
돌아와 앉은 시인의 창에
오늘
붉은 장미 한 송이로
배달되어 온
사랑.

늦가을

찬서리 내리는 저녁
기러기 날고
산배머리 바위 숲에
단풍이 혼자 붉어 가는데

아흐렛 장
재 넘어가신
엄닌 오시지 않고
등에 업힌 우리 아기
배고파 우는데

길섶에 늦게 핀
노오란 들국화
향기가 짙다.

끈 외 1편

신│사│봉│

인간은 혼자서는 살 수 없다
끊을 수 없는 인연
혈육과 혈연관계, 돈에 욕망이 배신을 한다

말하지 않는 고뇌,
시끌벅적한 분노,
들리지 않는 한숨,
마침내 크고 작은 것들
처음으로 되돌릴 수 없다

누구나 끈을 가지고 태어난다
희망을 안고 지평선을 향하여 죽음을 이겨낸 불사조처럼
남루의 삶일지라도 마음을 훔치며 살 일인가

힘들고 어려운 일, 어찌 없을 수 있으랴
소망이 적을지라도 보람 있는 날을 향하여
죽어서도 산 사람이 되는 문학정신 쌓고 싶다.

언제나

층층이 밀집되어 있는 아파트를 벗어나
도서관은 어머니의 품속 같다
배움은 100세라도 배우며 산다고 하였던가
떨쳐 버리고 싶어도 벗어날 수 없고
붙잡으려 해도 하염없이 잡히지 않는
꿈을 안고 남몰래 눈물짓던 날
바다에는 파도의 꽃,
지상에는 양귀비 꽃,
땅속을 뚫고 나오는 파란 새싹처럼
나는 무슨 꽃이 될까
백지가 되려 하였던 허구許久한 마음
영혼의 어머님을 만난 듯
나에게 문학은 생명이다.

우리 아이들 외 1편

신 선 진

세상에서 외면당하고
가정에서 따스함을
못 느끼는 가엾은
우리 아이들에게

새 희망과 용기를
북돋워 주고
살맛나는 세상이
있다는 것을
알려주고 싶은

아이들은
꿈과 사랑을 먹고
씩씩하게 자라며
잘못 된 세상일에
물들지 않게 하며

눈을 크게 뜨고
우리 아이들을
모두가 서로서로
지켜봐야 한다.

걸레가 되어라

집안에서 지저분한 곳 닦아 내니
깨끗해서 살아가기 좋은 곳 되고

학교에서 지저분한 곳 청소하니
친구들이 공부하기 참 좋은 곳 되며

직장에서 지저분한 곳 처분하니
동료들이 신이 나게 일하고 싶은 곳 되고

국가에서 지저분한 곳 정리하니
온 국민이 웃으면서 즐거워하며

그러려면 어디에서 누가 누군가
걸레가 되려고 하여야 하는지

너 나 모두가 함께 하여야
하는 것 아닌가 말이야.

잃어버린 우산 외 1편

신 영 운

문밖 비 오는 하늘을 쳐다보고 다시금 챙기는 우산
빗속을 거닐 때는 결코 잃어버릴 수 없었는데
지하철 안에서 깜박 졸다 보니 놓고 내린 우산의
아쉬움을 뒤로한 채 하늘을 다시 쳐다봐야 합니다

아름다운 사랑을 할 때는 두 손으로 우산을 받쳐들고
비에 젖을세라 감싸 안아 주어 잃어버릴 줄은 몰랐는데
이별을 한 뒤 혼자가 되어 사랑도 마음도 접어 두고
서로의 마음은 잃어버린 우산이 되었습니다

하늘 한자락 베어 내고 첫사랑 그리움이 쏟아질 때면
어설픈 비가 오는 날 다시 찾는 우산 속으로 들어가
세월 거슬러 남은 기억 속 못다 부른 노래를
첫사랑이 자꾸 생각나도록 불러야겠습니다

비 개인 날엔 우산을 잃어버려도 좋겠습니다.

새벽에

밤사이 하늘 열리기 전 캄캄한 기억의 바닷속을
이리저리 헤매다 엉거주춤 일어서고

창문 밖 동트기를 기다려 늦가을 떠나기 싫어하는
차디찬 바람에 아픈 가슴만 쓸어내리네

간밤에 드리운 운무들이 어리서리 얽혀 언저리마다
회색빛 덩어리들 사이 일어나고

진한 먹물을 머금고 엷은 수묵화 같은 채색을 하며
서서히 이웃을 불러모으네

멀리 무덕무덕 보이는 붉은 기운이 너무 짙어 감히
소리쳐 부를 수 없는 이름이 되고

어둔 밤에 고요를 마구잡이 흔들어 베어낸 조각난 상처들을
동천 해 오르면 가지런히 늘어놓고

새벽빛에 아린 가슴 다독여도 임진강 어귀 갈대 소리 들리는 듯
눈시울 촉촉이 젖어 오네

아스라이 지쳐 버린 세월에 기억 하나쯤 빼먹어도 모르지만
아름다운 물빛 사랑을 그리워하네.

자연으로 가는 길 외 1편

신윤호

세월이 지날수록 인품 있고
향기를 내뿜는 삶의 언저리에
흘러간 세월은 탓하지 말고
청춘의 봄날같이 활기 넘치는
청춘이면 좋겠습니다

무거운 짐은 내려놓고
평온한 마음 내뿜으며
인생의 마음을 꿈꾸며
언제나 넘치는 마음으로
맞이하면 좋겠습니다

삶이 조금 힘들어도
잃지 않는 웃음을 띠며
영원을 누리면 좋겠습니다
세상에 태어나서 경륜으로 살아온
남길 만한 선율을 남기셨으면 합니다

언제나 감사한 마음
넘치는 마음으로 살았으면 합니다
어차피 생의 길은 혼자는 어려워
가벼운 마음으로 살았으면 합니다
자연에서 태어나 결국 자연을 걷는 길

편한 걸음으로 살았으면 합니다
자연스러운 마음으로 다시 돌아가
마음의 호수 하나 가슴에 만들어 놓고
언제나 기도하는 마음으로
근심 없는 시간을 살았으면 좋겠습니다.

저무는 해

저물어 가는 이 한 해도
새로이 떠오르는 태양도
제 마음을 떠오르는 듯
그토록 휘날리던 나뭇잎

흩날리는 소리 쓸쓸하면서도
그리운 여운을 남긴다
아쉬움과 초조함에도
소중한 옛친구 스친다

아름다운 미소로 지나는 해
온 세상이 퇴색해 떠나가듯
부끄러워진 나날을 뒤돌아보아
청정한 삶을 이루지 못하고

보내는 아쉬움
허영과 욕심만 가득찬
마음을 돌아보게 한다
지녔던 마음 다하지 못하고
보내야 하는 지는 해.

당신은 나의 꿈 외 1편

심 종 은

퍽 오래전부터
당신은 나의 꿈이었어요

늘 곁을 맴돌아
밤마다 베갯머리 적시어 놓는
아쉬움

허공 흩날리며
호젓이 미련 떨구고 가는
아련함

등 떠민 세월 속
흔들거리는 낙엽 사이
쌓이는 자취마다 범벅지는
애틋함

퍽 오래전부터 지금껏
당신 향해 쏟아붓는
나만의 꿈
오롯이 세상 살맛이 나지요.

오누이 사랑

오빠는 케이크를 좋아하지
생일 케이크를 받은 여동생은
더 좋아하지

오빠는 예쁜 꽃을 좋아하지
꽃을 받아든 여동생은
더욱 더 예쁘지

오빠는 잠꾸러기 꿈도 잘 꾸지만
꿈바라기 여동생은
꿈결 속에서도 몹시 귀여운 아기 공주

오빠는 여동생을 사랑하지
따뜻한 마음을 가진 여동생은
무진장 사랑스럽지.

고향 외 1편

안| 병| 민|

백두대간
끝자락에
아련한 추억이
서려 있는 노루목

언제나 가고 싶은
고향의
아담한 기와집

풍경 소리 마당에 깔리면
매캐한 모깃불에
삼복더위 태우고

감자 캐고 고추 따며
나락 익어 가는 소리에
꿈이 영글던
정이 서린 곳

머나먼 길
마다않고
나도 모르게
마음 벌써 그곳으로 가 있네.

네 살 손자

손자 재희는 할머니가 세 분
맘마 할머니는 돌봄 할머니
하집 할머니는 아래층 외할머니
까까 할머니는 친할머니다

네 살인 손자는 필요에 따라
할머니를 부르는데
스스로 고운 이름 지어
부르는 것이 하도 신기해

그에게 물어봐도
비밀인 양
방긋방긋
웃기만 하네!

비 내리는 날 나비 한 마리 외 1편

안 숙 자

한 마리 나비가 꽃잎에 붙어
한동안 꿀을 빨며
꽃 속에서 행복에 빠져 있다
미래에 대한 아무런 욕구도 없이
치장한 날개 비에 젖는 줄 모르고
단맛에 취해 짧은 쉼표 찍을 때

아주 작은 생명의 무게에도
뼈와 살 발리는 미래의 삶이 있을까
고요한 꿈이 날다가 쉬고 있느냐
무슨 마음으로 몸을 모두 적시느냐
비 내리고 바람 불어
꽃잎에 앉아 마냥 흔들릴 때

젖어 버린 무거운 날개
빈 마음이 조용히 차지하여
몇 날을 이토록 수런거리더니
기어코 찢어진 날개
언제 훨훨 날 수 있을까.

아름다운 흔적

살아난 만큼 지난 시간은 푸르러지는데
잎사귀 사이 비집고 들어서는 햇볕은 너무 아득해
마치 이승의 세계가 아닌 듯 신비의 성채城砦 같다

정말 지난 시간을 보이고 싶다
빛이 있는 허공마다
잎사귀 사이로 슬픔처럼 끼어들 때면
내 가슴의 창에도 푸른 새싹을 돋게 해다오
이제 아주 오래된 따뜻한 기억이 나를 깨운다
아 아 지난 세월을 품어 자국 내리라

나는 끌려가는 몸을 맡기고 발자국에 남긴
흩어진 무늬의 세상 바라본다
누군가 저편에 서서 온밤의 어둠이 밝아져
생의 흔적 더 아름다워질 때까지.

수련과 같은 외 1편

안 | 연 | 옥 |

시로서
무엇을 이룰 생각은 버려야지
산다는 일이 무엇을 이루는 일이 아니듯
시 또한 오늘이거나
아니면 내일의 질문과
먼 훗날의 대답 같은 것

수련 씨앗을
질문처럼 연못에 던지고 나면
당연한 듯 대답해 오는
연분홍 수련
저렇게 큰 대답이 또 있는가
확실한, 세세한 것까지 대답해 주는
아름다운 대답

그러나 내가 질문 던진 곳은
흙탕물 질퍽이는 곳
발이 쑥쑥 빠지는 곳
깨끗한 옷 버리기 십상인 곳
온갖 수생들과
거머리 떼들이 악착같은 곳

그곳에서

괜찮다, 괜찮다 대답하듯 피는
한 편의 시 같은
수련 한 수秀.

얼굴

그거 아시는지
얼굴은 나를 위하기보단
뭇 타인들을 위한 것이라는 것
같이 웃자는 표시라는 것

한 번쯤 스쳐간 얼굴들의
집합소라는 것
그러니 찡그린 얼굴을 만나도
무덤덤한 얼굴을 만난다 해도
그거, 다 내 얼굴이었다는 것

고통을 알아차리는 표정
수천의 이야기마다
끄덕거린 대답과
그래, 맞아!
눈빛들이 모여 있다는 것

참 예쁘다고 여겨지는
내 얼굴
그거, 알고 보면
모두의 얼굴이라는 것.

첫 발자국 외 1편

안 재 찬

아무도 걸음하지 않은
흐벅진 천진무구의 세계
흠뻑 눈동자에 넣다가
아름차다 발정나 순결 훔친
내 첫 발자국
목까지 차오르는 더운 숨결
한번 돌아서 보니
단물 빠지어 생채기난 처녀성 언저리에
생경한 음계 분분하구나
경련 일으키며 모세혈관 흐르던
정복 또는 희열
어느새 부음도 없이 가버린
사어死語가 되었구나
진즉 내 더러운 걸음
티 없는 아름다움 앞에 결박하고
다만 먼발치서 그윽이 뇌수만 적시면
그뿐인 것을
백의白衣의 동산 함부로 밟아 핏물 들인
나의 가벼움 시리운 언어 되어
순정의 겨울꽃 흐드러진 낙원
더는 아리따운 선율 못 건지겠구나
때늦은 후회지만 빛부신 거울
값없이 속진을 말갛게 씻어 주는

한 폭 성화聖畵 앞에서
왈칵 울음 터뜨리며 해종일
나 구부리고 있구나.

밧줄
—사랑도 옥녀봉

마음이 한 곳으로 머무르는 봉우리에는
함부로 속내를 드러내지 않는
고압선 전류가 흐른다

내 손길만 닿으면
금방 활화산으로 폭발할 것 같은

단 하나
뱃고동 울음에 실려 오는
뭍의 그리움을 간직한

쪽빛 물결 나울거리는 섬처녀 가슴
매혹의 접선을 차단한 길
이제사 열어

그녀와 나 사이 팽팽한 밧줄로 두 팔을 얽매어
내 안에서 그녀가
그녀 안에서 내가 젖어
미지의 황홀에 빠져든다

바다 내음
산 내음 물컹물컹한
광활한 우주의 가슴에 얼굴을 묻고

사랑의 열락에 휩싸일 때

수런거리는 풀잎처럼
쉼을 털고 화음을 맞추는
풀벌레 소리에 귀를 씻은 대항마을
뱃길을 얼른 닫고 초롱에 불 밝혀
별빛 한 움큼 객창에 뿌려 준다.

라오스 폭탄마을 외 1편

양 은 진

일곱 살 소년이 호호 손을 녹이려 불을 피워 놀다가
남은 지뢰가 터지고 한쪽 다리는
피투성이 외발이가 되었다
그 아이의 형은 9년 동안 8분에
하나씩 떨어졌던 폭탄을 주워서 밥벌이를 한다
어머니는 막둥이의 다리를 앗아간
그곳으로 매일 아침 출근하는 장남을 말리지 못한다

대장장이 아버지는
폭탄을 주워다 숟가락을 만들고
가족들 마중으로 동구 밖을 서성이던 어머니도 지뢰를 밟았다
아내의 눈물을 녹여 가족들을 먹여 살리고
자식의 미래로 쇠를 두드려 마을 사람들의
숟가락을 만들어 낸다
그리고 이미 이웃 마을의 밥숟가락까지 다 만들었어도
2인당 1톤씩 떨어진 폭탄을 다 주워 담으려
평생 뭉뚱거리며 산다.

꽃과 상처

소담하게 피어난 철쭉 빛깔이
나를 불러세웠기에
내 눈높이에서 어른거리는
나무꽃을 보았다

사람들이 환호했던 산호색
사라진 자리에 바알간 생채기

비처럼 쏟아내던 그의 상처가
어떻게 아물어 가는지 말해 준다
설핏 부는 바람이
라일락 향을 내뿜고
쓰라린 잘라냄과 떨구어냄 후에
그는 한 해 동안 영글 버찌를 빚어 낸다
그렇게 상처를 열매로 영글어 낸다.

꽃눈 외 1편

양 지 숙

톡톡 내려앉는다
팔다리 끌어안고
곱디곱게 살포시 내려
꽉 차오른다
꽃눈 보고
언제부터 왔냐고 물으면
잠든 사이를 피해 왔다고
어떻게 왔냐고 물으니
바람이 불러서 오게 됐다고
왜 왔냐고 하니
보고 싶어서
울음이 하나 가득차서
당신이 부를까 봐 미리 왔다고
바람을 핑계 삼아
몰래 숨바꼭질하듯
푸름이 쨍쨍할 때
얼른 왔다고
탁 탁 탁 들어앉는다
언제나처럼!

다정한 고요

나무들이 촉촉이 젖어갈 때쯤
잎새 위로 하늘이 빠끔 열리고
폭 끌어안은 두 영혼에 빛을 비춘다
그래 괜찮아
정말 괜찮아
빗물이 유리창을 다독일 때
떠오른 사랑의 그림자
따뜻한 두드림이 몸 안에 퍼지다.

고향 집 외 1편

엄 원 용

한적한 어느 날 버스를 두어 번 갈아타고
충청남도 서산시 고북면 봉생리 148번지
어느 민가를 찾아가
하룻밤 묵어갈 수 없겠느냐고 물으면
누추하지만 어서 들어오라고 하겠네
아마 그 여인은 무척 예쁜 여인이겠네
대문을 들어서면 연기에 그을린 부엌문은 옛날 그대로 있고
어릴 적 한아름 되던 대청마루 기둥들은
보잘것없이 아주 작게 보이겠네
뒷마루 앞 감나무 배나무는 이제 늙은 채 옛집을 지키고 있고
그 옆에 전에 없던 배롱나무 한 그루 심어져 있겠네
예전에 내가 이 집에서 태어났다고 말하면
주인아줌마 아마 깜짝 놀라겠네
그게 정말이냐고 물어오겠네
그때는 저기에 사랑채가 있었다고 말하면 한번 더 놀라겠네
연분홍 진달래꽃 꺾으며 뛰놀던 고향 집 뒷산 마루에 오르면
천수만 노을 진 봄바다는 지금도 여전히 눈부시게 빛나겠네.

이 땅의 노래

푸른 들 푸른 산하에 곱게 자라고 있는
아름다운 꽃과 나무들만이 우리의 것이 아니다

저 버려진 들판에 널브러진 이름도 없는 돌멩이 하나도
누구에게 빼앗길 수 없는 모두 우리의 것이라는 걸

거친 비바람에 아픈 가슴 쥐어짜며
이름도 모르게 독하게 독하게 자라나는 저 풀꽃도
이 땅에 뿌리를 내린 사랑하는 우리의 것이라는 걸

우리 아버지의 아버지 또 그 아버지의 아버지가
거친 땅을 맨발로 맨발로 일구며
숨 쉬고 통곡하며 독하게 살아온 땅이 아니더냐
노래하며 춤을 추며 살아온 고마운 땅이 아니더냐

죽어 흰 뼛가루를 뿌리며
거름이 되어라
거름이 되어라 아픈 노래를 하며
아버지의 아들 또 그 아들의 아들들이 살아온 땅이 아니더냐

지금도 푸른 하늘 머리에 이고 이 땅을 밟고 살아가는
우리는 모두 그리운 사람들이 아니더냐.

연꽃 외 1편

오 낙 율

혼자서
꽃구경하는
남자의 심정이야
참참한 것이어서,

그대는
칠월에 오시어
조용히
연꽃으로 웃는가.

가을 산에서

나무들이
작별의 파티를 하고 있다
고로쇠나무, 산단풍나무, 떡갈나무,
물푸레나무, 상수리나무, 뿔나무
갈참나무, 떡머루나무…
계절의 숙명 앞에서
저마다의 색깔로 웃으며
작별의 파티를 하고 있다

이별 앞에서
눈감고 하는 포옹쯤이야
뉜들 못하랴
돌아서서 눈물 훔치는
그런 작별이야 뉜들 못하랴
작별이란
나누던 정의 무게를
서로가 부담 없이 가늠해 보는
그런 시간인 것을,
저렇게 화사하게 웃으며
가늠해도 되었던 것을

이제
저 아름다운 작별은

새소리 물소리 꿈결에 들으며
깊은 잠에 빠져들겠지
얼마의 시간도 함께
잠이 들겠지,

고목 어디쯤 둥지에서
작은 원앙이의 사랑 노래가 들리고
잠 덜 깬 계곡의
물방울 연주가 시작되면,
발치에 쌓인 탈색한 낙엽을 털고
저 산은 다시 배시시 깨어나
해후의 꽃 잔치를 열겠지

아름답게 작별했던 이유로 해서
아! 저 산에는
저 산에는
아름다운 봄이 다시 오겠지.

가다 보면 안다 외 1편

오 병 욱

그 화려한 몸짓을
그때, 바로 그때는
알 수 없을지라도
그 뒤를 따라가다 보면
흔적들이 보인다

배부른 가을 소가
단풍 길에 똥 흘리듯
피똥 덩어리 흘렸다면
잡아먹는 짓만 한 것이고
방글방글 웃는 꽃다발 흘렸다면
공도 쌓고
덕도 쌓았음을….

뒤를 보면 안다
그의 삶을 안다.

함께 가는 길

꽃풀들은
계절 따라
저마다 생긴 대로
여러 가지 색 꽃들을
아름답게 피운다

사람도
남녀노소 구분 없이
천리天理 따라, 처지에 맞게
저마다 생각의 꽃을
소중하게 피운다

각양각색 꽃들을 모아
아름다운 꽃다발 만들듯
서로 다른 생각들을
대화와 토론의 조율기로
생각의 꽃다발 만들어
함께 공유하고 실현하는 것
어깨동무하고 가는 길이다.

가을비를 맞으며 외 1편

오 재 열

마당귀의 몇 폭 국화가
노란 향불을 지피고

고이 잠든 낙엽 위에
눈물 같은 가을비다

바람은
외로운 내 창문을
그지없이 여닫는지….

논쟁
―인생과 사랑에 관하여

길다, 짧다
달다, 쓰다
우겨 무얼 하자느냐

희·비요 행·불행이 씨줄 날줄 아니겠나

인생은,
사랑의 꽃밭에
잠깐 피었다
지는 것을….

민족의 얼 백두산에서 외 1편

오 칠 선

허연 구름을 이고 사시사철
영웅의 머릴 틀고
안으로 차오르는 천지못
품어 안고 아—, 임은 잠이 드셨는가?

상기 이르신가, 아니면 반만년
겨레의 한 배의 얼 쓰다듬으며
샘솟아 내뿜는 영기이던가!

임이시여 7천만 겨레의 머리 되심이여
살아서 한 울림으로 저, 제주도
마라도까지 기나긴 세월을
이어 닿도록 임은 억겁의 세월을
흘려보내셨네

태백신단에 머릴 풀고
신단수 아래에서 첫 울림의
단군신조 낳으셨으니, 아, 장하여라
임은 겨레의 머리가 되심이리라
되심이리라.

노송老松처럼 살아가리라

푸른 노송처럼 살리라
살아가리라

몸은 늙어 갔어도 낙락장송의
푸른 기상 버리지 말고
홀로 푸르게 살리라

노송처럼 살리라, 살아가리라
노송의 푸른 기상으로 살리라
절개 곧게 단청丹靑을 두르고
썩어서 휘어 낡아 간 세월을 거부하고
우로와 한파 속에서도 곧은 절개
굽힘 없이 고고하게 살아가리라

푸른 노송처럼 살아가리라
굳게 입 다물고 밑둥 굵어간 침묵으로
목숨을 지키며 살아가리라
노송처럼 살아가리라, 살아가리라.

농촌 골목길 외 1편

오 현 철

아기 울음이 메아리치던
골목길을 언제 걸었던가
아기 부르던 엄마 목소리는
귓전을 떠난 지 오래되었고

춘삼월 잔디밭에
아장아장 아기 재롱은
언제 어디로 사라졌는지
동화로만 남은 옛 그림

어른 아기 웅성거리며
소란스럽던 시골 골목길은
한적한 산사의 법당길이 되어
내 발자국 소리만 뒤따라오네.

목련

흙속을 헤집고 이슬을 머금은
잔디 속잎이 남풍을 마주칠 때

앙상하게 벌거벗은 가지에
화신이 스쳐가는 길목에서

백진주보다 깨끗한
꽃봉오리가 필봉처럼 뭉쳐

허공을 채워 부풀어
나의 시선을 끌어 머물게 하고

티 없이 청결한 너의 자태
행여 상처 날까 두렵구나

알몸으로 꽃망울을 터뜨린 목련

송이송이로 내 가슴 닦아 내며
푸른 하늘에 향기 띄운다.

태양 외 1편

오 희 창

태양
아무리 고달파도
늦잠 한번 자지 않고
신새벽
어둠의 장막을 헤치고 나와
하늘 땅 바다 온 우주를
일깨우는
자비의 손길이여
만중생의 어버이여.

구름 · 2

옷자락 흘리며
하늘을 거닐면서
산수화를 그려 놓고

사람들 눈길 머물러
가슴 일렁일 즈음
지워 버리고
가는가

어디로 가는가
방랑자야
어디로 가느냐.

시골 장날 외 1편

우 성 영

밀고 당기는 흥정이 끝나면
손에 한 꾸러미씩 전리품처럼
포획물을 들고 뿔뿔이 흩어진다

부대끼며 살아야 한다는 것
어느 하루도 고요가 없었지만

장날 집 나설 때
그렁그렁 매달렸던
아내와 자식들의 은근한 기대가
한 꾸러미씩 현실로 이루어지기를
기다림으로 가득했다

말없는 그 고요가
아버지의 마음에
무게감으로 보탰다

5일 시골장마당
은근한 소망과 기대가
툇마루 위에 펼쳐지면
고사리손들 분주히 헤집으며
환희와 서운함으로
뒤엉키는 얼굴들.

정情

옷에 묻은
먼지 털듯이

하나씩
툭툭 털어내고는

다 털어냈다고
생각했는데

어느
후미진 모퉁이에
그 흔적
아직도 조금은 남아 있다

숫자를 셀 수 있는
손가락이
겨우
열 개밖에
없는 탓이었던가.

장가계 외 1편

우 태 훈

님이 그곳에 있는 동안 그는 집안에 있다
예전에 님께서 그랬던 것처럼
님께서 그곳 풍경을 구경할 즈음
그는 무엇을 보고 있을까

님께서 있는 그곳에는 햇살이 가득한데
그가 있는 곳에는 맹하의 비가 온다

천문산 정상 바라보면 산 너머 하늘이 보인다
천문산사를 돌면 유리잔도의 짜릿함을 맛본다

천자산에 올라 아바타 촬영지도 보고
대자연의 웅장함과 오묘함에 감탄한다

백룡엘리베이터로 내려와 금편계곡에
발 담그니 피로감이 싹 사라진다

십리화랑 모노레일로 세자매가 다가간다

보봉호에서 신선이 들려주는 노래
내 마음 별과 같이, 봉선화 연정을 누가 들었으랴

활룡동굴 속 유람선에서 신비경에 놀라고

수억년을 자라온 석순, 종유석을 만나니
수억년이 찰나임을 예전에 미처 몰랐다.

별난 밤

한밤중에 일어나 이 생각 저 생각하니
한숨만 나온다

현실이 아닌 꿈이었으면 좋겠다

그것이 누구든 간에 말이다

달라지는 것은 아무것도 없다

변화의 조짐조차 보이지 않는다

현실을 받아들이기가 쉽지 않다

현실이 아닌 꿈이었으면 좋겠다.

푸른 날 푸른 시조 외 1편

원 수 연

푸른 날 푸른 시조 세상 가득 퍼지도록
해 자넨 밝은 나날 오래도록 지켜주게
구름아, 이제 넌 가야지
하늘 밭 마음 열게

잠 몰래 치악산이 눈을 뜨고 지켜보다
이따금 흥이 나면 시조를 읊어대고
산새도 노래를 불러
별들의 귀를 연다

짙푸른 소나무의 내면을 열어 보고
섬강의 의미 깊은 물소를 듣다 보면
시심은 세월을 앞질러
온누릴 다 비춘다.

이제 가야 한다

서러워 울고 있는
단풍들을 바라본다

바람이 떨고 있는
이별을 달래 줄 때

수없이
머리를 드는
추억 몰래 떠나야지

하늘 향한 외침도
낙엽으로 날리면서

혹 있을 남은 미
원한도 닦아 내고

날 찾아
영혼의 거울
너를 향해 가고 있다.

곰바위 옛 노래 · 1 외 1편

유 경 환

미련 곰탱인가 봐
비로봉 마루에
백년 묶은 곰 한 마리
겨우내 겨울잠 자다가
깨어났다나 봐

비로봉과 장조성 골짜기엔
띄엄띄엄 잔설 흰 눈이 깔렸는데
파릿파릿 연둣빛 봄 햇살이로다

문주담 맑은 물속
구슬알 자갈들
맛있는 도토리로 보였다나 봐
단숨에 삼킬 양
문주담 내리뛰다가
중턱 절벽에 떨어져 버렸당게

세존봉 옥녀봉 기암절벽엔
꽃무늬 주단 같은 핑크빛 사랑
진짜 사랑해 달래지꽃 붉었는데
엉기적엉기적
둔중한 궁둥이 바위에 붙은 채로
주둥이 헤벌름거리고

목을 길게 빼여들고
문주담 게걸스럽게 바라보며
군침만 흘리다가 돌이 되어 버렸당게.

곰바위 옛 노래·2

너, 곰바위야 무슨 노래하고 싶은가
넌 달의 여신 다이애나랑게
자비의 화신 어머니랑게
진리의 씨앗을 뿌리는 자랑게
영원성을 지닌 지모신이랑게
넌 지혜를 사랑하는
인내와 포용의 여인이랑게
합리적 사고의 소유자랑게

넌 단군 조선의 국모로서 웅녀로서
비로봉을 지키는 화신이 되었나 봐
어두운 굴 속에서 쑥과 마늘을 씹으며
새 나라의 꿈을 머금은 화신일진저
곰바위 앞에선 조물주의 깊은 뜻
헤아려 볼진저.

꽃밭 외 1편

유 나 영

사랑의 메아리로 나부끼나 보다

꽃은 나비를 부르고
꽃은 벌을 부르고
꽃은 인류의 아름다움을 관계하도록
영혼의 안식을 부르고

꽃은 사랑 두고
눈씨름으로 나부끼나 보다

꽃은 평화의 날을 두고
간절한 춤으로도
별의 인자로도 설레이다가

꽃은
사랑으로써 숨을 모으고 있나 보다.

물가에서

풀풀 날아가 버린 시절이
그리워
물가에 이르렀습니다

물가에
사금파리 번뜩이며 돋은 그것이
정분 때문인지
세월 간 자리에서 구르고 있습니다

실직한 삶이 상심에 차올랐다
산산대고
여태도 잊었던 날이 안타까워
물소리 따라 아파하고 있습니다

말없이 할퀴고 간
모질게 그리운 정분의 시절이 흐느적이거니
그렇게 흐르는
물가에 와 있습니다.

가족 나들이 외 1편

유 양 업

오월의 화창한 날 라일락 향기 짙어
설렌 맘 가득 안고 온 가족 마음 모아
남도의 아련한 향수 하늘 추억 그리네

은물결 바닷가에 옛 꿈의 선율 싣고
가슴에 흠뻑 젖어 사랑향 음미하며
핑크빛 속삭인 대화 오순도순 꽃피네

윤기 난 노랫가락 꽃잎도 반기우고
가슴속 신명나게 얘기꽃 밤새우며
황홀한 봄날 나들이 깊이깊이 품으리.

동학 혁명

애국의 울부짖음 산기슭 타고 올라
구릿빛 힘센 함성 우뚝 선 새벽별들
밤새워 산자락 베고 민초의 뜻 세웠네

견뎌 온 아픈 가슴 피 끓는 마음 세워
열정은 불을 뿜고 적병을 몰아내어
삼킬 듯 심장 터뜨린 민중 항쟁 우리 군

포탄 속 산등성이 뜨거운 가슴속에
설한풍 모진 바람 가슴의 전승지로
조국애 울리는 함성 승리 깃발 날리네.

탄광[煤矿] 외 1편

유 연 주

바람아, 바람아,
소스라치는 바람아

쉬이 휘늘어진 소파
광활한 적요寂寥

오롯이 널 위해
만끽할게

눈가를
창백하게 껌벅이면

속눈썹이
복도에 놓여 있고

윙윙거리는 웅성임이
길고 긴 실을 잡아끌면
굳어진 무언 바람이 돼

방 안의 둥그런 형광등
꾸욱 눌렀던 감정들을
서랍 안에서 꺼내어 주고

켜켜이 내린 뽀얀 먼지는
너를 향하여 미끌어지네.

검은 강[強ㅋ]

새를 가두어
검은 강에
비춰 네 얼굴

바스락 소리
고개 빼꼼

노루 결정체
수장된 인어

길이 잘 든 입김
공중 그네의 난립
아연 짖이겨진 존

별을 따라 아름드리
검붉었던 그날 총성

물병에 쏟은 야망을
세어 똬리를 틀어

난 흐린 네 깃에 부는
갈댓잎을 외치고 돌지

유포리아.

춤추는 베네치아 외 1편

유 인 종

비 오는 날이면
춤을 추는 베네치아※
갯벌 말뚝에 마법이 걸린다

비발디가 사계를 노래하고
괴테는 창가에서 시를 읊고
사랑의 가교에 뱃고동이 운다

옷을 벗는다
환상의 옷을 벗는다
모두 알몸이 되어
베네치아에서 춤을 춘다

신발을 벗어들고
가교를 건너서 오는 이여
오 솔레미오가 들리느냐

아직도
베네치아에 비는 내리고
사공은 손수건을 흔든다

우리의 마법도 끝나지 않았다

※베네치아: 이탈리아의 물의 도시

만년설

속살을
감추고 싶은 여인

햇살의
멱살을 잡고

끝내

옷을
벗지 않는다.

산딸기 외 1편

윤 명 학

6월에 절골* 절터*에 가면
몸에 좋다는 산딸기가 지천에

햇살들의 손끝마다
고샅들의 영험을 물들인
저 빨강 요정들

생으로 정성으로 절여
복분자주로 다시 태어나면
부실한 허리 튼튼해지는 소리

온 동네 밝아지는 웃음소리는
왕거암* 암반도
거뜬히 뚫을 웃음소리.

※절골, 절터, 왕거암: 내주왕

삼복더위에 물맞이

삼복더위 때면
우리 동네 아낙들
물맞이 행사는 연례행사

신수리골* 폭포에 가면
성난 물줄기 아래
늙은 호박이든 애호박이든
우윳빛 젖가슴을 풀어헤쳐
거대한 물좆 같은 벼락을 맞으며
방울방울 뜨는 물방울에
호박 같은 엉덩이 서로서로 부비며
연신 아이 좋다 아이 좋다 연발한다

날짐승 소리에도 지나가는 까마귀 소리에도
아랑곳하지 않고 솥 걸고 국 끓여
하루를 쉬고 오니
다리 팔 어깨 허리가 멀쩡
동네 아저씨들
육덕 맛이 얼마나 좋았던가
담장 넘어 웃음꽃이 넘친다.

※신수리골: 내주왕

나는 누구인가 · 183 외 1편
—초등 동기생 60년

윤 한 걸

칠십년도 넘게 살은 인생
할매 할배들이 서울 부산 대구에서
가야산 중턱 양지골 쉼터 넓은 방
현대판 대리석 바닥 깔아 놓은 집

일 년 만에 만났다고 부어라 마셔라
그 무겁던 하늘이 안개비로 걷어올리는
가야산 줄기 따라 야생화도 놀고
안개구름 하늘로 낚시질한다

5월의 아카시 향 짙은 저녁답
굴뚝에서 피어오르는 저녁연기 따라
세월을 걷어올리고 있다
꿀 따는 벌들이 춤추는 시간

우리네 인생 언제 떨어질지 모르는
그런 나이들이 아니던가
어깨동무하고 웃고 떠드는 하룻밤
그래도 세상은 아름답다 하는 나는 누구인가.

나는 누구인가 · 184
―우리 엄마 요양원 병석 2년

우리네 인생이 아름답다
참 인생이 더 아름다운 것은 무엇
진정으로 우리는 사랑으로 보듬고
얼굴 대하며 웃고 하는 날들

경제가 두 조각이 났다고 떠드는 세월
무엇이 그리 아름다운가 몰라도
우리의 삶은 진정으로 참이다
삶이 무엇이냐고 묻고 싶은 세월

가격 없는 병원 철침대 의지하시어
바람처럼 살아오신 모진 세월
지금은 하루해가 지겹도록 앉아 계시며
지나간 날들이 초롱 같은 하루가 아닌가

우리 엄마 기거하시던 집
뜨락에 앉은 먼지는 어이하고 남아
긴 시간을 미닫이문 열지 않아 생긴
먼지 자욱하게 누워 있는 집에는

사람의 손이 2년 동안이나 가지 않은
냉장고 속에서 묵었던 쌀과
찬이 마구 쏟아져 나오니

막내 가져가라 하니 냄새나 못 먹는다고

버리라고 하는 것을 만만한 손자
양심 보드랍고 그냥 수긍하는
큰아들 손자며느리 그냥 웃는
그런 세월을 웃고 있는 나는 누구인가.

삶 외 1편
― 자존의 길

이 근 구

어울려 사는 세상
믿음, 겸손 우선이고
지, 덕, 체 고루 갖춘 앎보다 실천이지
융통성
임기응변도
때로는 양념인 걸

의롭고 현명하다 착각하지 말아라
박식하다 난 척하면 이 또한 오만이니
몸 낮춰 평생 배움이 보통사람 길이다

제 살기 바쁜 세상
남의 눈치 볼 것 없다
알고 보면 모두 스승
가르치려 하지 마라
비우고
내려놓으면
복된 길 따로 없다.

삶
—2019 봄 자화상

지친 몸 함께 가는
팔십령 돌밭 길엔
몸 시린 외로움과 속 아린 그리움이
멍하니
창밖을 보면
낮달 같은 자화상

지팡인 절실한 동행
서툰 길 조~심 조~심
뒷모습 노을처럼 시심으로 밝혀 가며
천천히
시조나 쓰며
남은 길을 걷는다.

날이 새면 외 1편

이 근 모

날이 새면
당신이 세상 밖에 나와 주셔서
기꺼이 마중을 나갑니다

날이 새면
노래 부르며 나오는 당신이 좋아
온몸으로 손뼉쳐 가며
뜨거운 찬사를 보냅니다

당신의 아침 발걸음이
예사롭지 않게
감동을 주는 님이라면
그 길만을 따르다가

어제는
잘되기를 바라던 날
오늘은
축복하는 날.

함께 있으면 좋은 자리

내 마음에 좋은 사람이
어느 자리이든 함께 있으면
행복이 똬리를 틀어주는 자리라서
좋다
마치 몸과 마음이
끈을 이어 놓은 것 같은 자리

꽃 앞에 있으면
꽃향기가 뿜어 나오듯
그 사람 향기가 좋아
더 가까이 다가앉고 싶은 자리

약속된 자리이든 우연한 자리이든
그 사람과 함께하는 자리라면
천하를 얻은 것 같아
금은보화를 준다 하여도
나는 바꾸지 않으련다.

경계 없이 외 1편

이 근 우

멀리 지평선 너머
눈길을 던지면
하늘빛 내 마음 나를 버리고
힘찬 날갯짓한다

멀리 수평선 너머
고개를 들면
바닷빛 내 마음 나를 떠나
힘찬 달음질한다

내 안에 갇힌 나는 비로소
눈을 뜬다
내 안에서 잠자고 있던 나는
기지개를 켠다

구름과 더불어 경계 없이
나는 한 마리 새가 되어
파란 하늘 속으로 훨훨 날아간다

파도와 더불어 경계 없이
나는 한 마리 고래가 되어
푸른 바다를 가르며 힘차게 나아간다.

도시락 사랑

덜거덕덜거덕
가방 속 도시락 안에서
아내가 새벽에 심어 둔 사랑이
싹트는 소리가 요란하다

집에서 먹는 밥보다
더 꿀 같은 도시락
아내가 넣어 둔 사랑이
요술을 부렸나 보다

저녁이면 싹싹 비운
도시락에서 가득 자란 사랑이
고단한 아내 품으로
와르르 쏟아진다.

그 언덕에 가고 싶다 외 1편

이 기 종

석양빛에 젖어 노을져 오면
늘어만 가는 그리움 서러움
바람에 멀리 날려보내고파
꿈에서나 보던 내 고향 뒷동산
그 언덕에 가고 싶다

굴곡 많은 인생길 걸어오며
열정과 순정을 다하지 못해
가슴 시린 시간만 쌓이는데
내 몸과 마음 편하게 받아줄
그 언덕에 가고 싶다

덧없는 세월 끝자락에 앉아
고독과 괴로움만 늘어가니
꿈과 희망을 가슴에 품고
고난과 모진 세상사 이겨냈던
그 언덕에 가고 싶다.

사도師道

나의 천직이기에 사명감에 불타고
예지로 불 밝히고 고난의 길 이겨서
바로 서 걸어가도록 지혜로 이끄는 길

칭찬에 아낌없이 용기를 심어 주며
이름도 명예도 바라는 것 없이
그들의 꿈과 성공을 기원하는 사도의 길

맑고 밝게 자라서 많은 덕을 쌓아
어질고 지혜롭게 세상의 빛이 되길
큰 사랑 거룩한 숨결 실천하는 사도의 길

나(i)+너(you)=이익(income) 외 1편

이 만 수

오늘 아침에 까치가 짹짹 재잘거린다
어제도
그제도 그그제도
보복이다
아니다
옛말에 장(간장, 된장) 단 집에는 가도
말 많은 집에는 가지 말랬다
재산은 부지런하고 절약하면 부자 되고
기술은 연구하고 개발하면 되는 것
못나고 게을러서 못 가진 것
왜 탐할까?
불상한 것
이웃 일본 본 좀 뜨자

※일본의 수출 규제 화이트 리스트white list를 보면서

미연靡然에 미연未研에

며칠째 지붕 위 까치가 와서 이야기한다
아침에 까치가 재잘거리면 반가운 손님이 온다는데
무슨 잘못으로 학대虐待를 하는가?
길조에서 해조로 타락한 신세
전주에 주택을 짓는 것은 생존을 위한 것
건축법에 목재만 사용하란 법 있나
천방지축 유아독존이란 말
친구로부터 들어보았네
이웃사촌이란 말 까마귀는 못 들어보았겠지!
지각변동으로 떨어져 나간 조류造陸
바다 건너 아베는 아직도 식민지로 착각하고
대마도가 내 터인데 말 한마디 못하고
무역 전쟁 웬말
이웃사촌이 땅을 사면 배가 아프다더니
남 탓할 때 아니고 호랑이에 물려가도 정신은 차리랬다
역사나 세계사에서 나라는 정치인이 망쳤다
우리도 이제 꿈을 깨자!

자화상 외 1편

이 명 림

내 인생의
8할이
욕심이었다

중년 이후
8할의 욕심을 비우고
마음을 가꾸어 나갔다

문학과 예술 창작으로
욕심 비운 자리를
하나씩
채워 나갔다.

겸재 정선과 시인

조선의 시인
이병연이 시를 지어 겸재에게 건네주면
기쁜 마음으로 받아들고
겸재 정선은 시를 화폭에 옮겼습니다

21세기의
나는
겸재의 그림을 보며 시를 짓기도 합니다

시가
그림이 되고
겸재 그림이
다시 시가 되어
오늘날
다시 살아납니다.

산골 풍경 · 890 외 1편

이 명 우

점점 무너지고 찢어지고
마음이 아파
산 할아버지에게 찾아갔더니
반듯하게 눕혀 놓고
마음을 꺼내 세탁을 한다
욕심도 씻어 내고
걱정도 씻어 내고
바늘도 뽑고
혹도 잘라 낸다
다시 찾은 하얀 마음
꿈을 타고 붕붕 다시 날아오른다.

산골 풍경 · 891

풀잎의 손가락이 건반을 치는
풀잎 풍금 소리는
메아리에 담아서 나비들이 실어나르고

물 손가락이 건반을 치는
물 풍금 소리는
은쟁반에 담아서 개울물이 실어나르고

바람의 손가락이 건반을 치는
바람 풍금 소리는
꿈 가방에 담아서 구름이 실어나르고 있다.

기다림 외 1편

이 목 훈

앙상한 나뭇가지에 대롱대롱 매달려
주인을 애타게 기다리는 빠알간 연시감
세월이 한참 지났는데도 소식이 없다
기다림에 힘이 부쳐 땅바닥에
떨어져 뒹굴고 있는데 지나가는 길손이
지그시 즈려밟네
아!
내 주인은 어디에 있는가
까치라도 내 주인인 양 마냥 기다렸는데
그만 길손에 짓밟혀 내 존재조차
잃어버렸네
무심한 내 주인 언제 만나려나.

겨울 바다

달빛이 어우러져 아름다움이 한층 더해진 겨울 바다
연인들의 눈동자는 출렁이는 파도에 집중된다
파도 소리
인간의 내면 소리와 리듬이 같아지려 애쓴다
마음에 평화를 위하여
귓가에 들리는 파도 소리

우리 둘만의 별
약속된 별
달빛에 가리어 멀리 보이지만
파도 소리와 우리 둘의 내면의 소리를
약속된 별님에게 보낸다
겨울 바다의 추억을.

그 지난날의 수채화 외 1편

이 병 철

가랑잎 떨어져
아린 마음 더욱 아리다

누군 그리워하고
누군 기다림에 지쳐

그리고
난 그리움과 기다림 사이에

눈바람 불어
시린 마음 더욱 시리다

누군 갈바람에 추억을 날리고
누군 하하얀 눈밭에 추억을 그리고

그리고
난 가을과 겨울 사이에

하!
공허함만 자리한 그 사이에
낡은 그림 한 장 끼워 넣다.

윤회

그대에게
쉼터를 선물하고 싶어요

아름다움에
잠시 눈시울 적셨던 봄도 지나고

여름 같은 삶 뜨겁게 살아왔으니

이 가을에
잠깐 멈추어
쉬어 감도 필요하리다

이 가을이 지면
우린 떠나겠지만

동토의 계절에 차가운 지하에서
움트는 봄을 다시 만날 수 있을지도 모르지요

그때
지난 삶의 미련에 눈물짓지는 말아야 하리다

우리 스스로 만든 삶의 길이었으니까요.

예수를 놓치다 외 1편

이 상 익

안국역 지하 계단
남루한 사내가 구걸을 하고 엎드려 있다
곁눈으로 힐끗 보고
난 바람처럼 지나쳤다

어디쯤 갔을까
스치듯 다가오는 느낌이 있어
오던 길을 되돌아 뛰어갔다

아
예수는 이미 그 자리를 뜨고 없었다.

하늘이는 나의 스승이다

새길동산 하늘이*는
식은밥 한 그릇이면
만사 오케이다

비가 오나 눈이 오나
찌그러진 단칸방 하나에
만사 오케이다

하늘이는 나의 스승이다.

※하늘이: 경남 함안군 대산면에 있는 '새길동산요양원'의 털이 하얗고 조그마
  한 강아지.

천도薦度 외 1편

이 성 남

파르스름한 살빛
죽음의 나신으로 다가선다
깊은 잠 달아나고
주절대던 그리움 살아난다

기적 소리 묻어 둔 정
가다가 잊으라고 먹으며 잊으라고
누런 황소 몰고 가던 촌로
밭두렁 큰 고구마 깎아 준다

삼십년 지나도록 목이 메인 고구마
아직 덜 삭아 명치 답답한데
청어 같던 그 사람
파르스름 살빛으로 꿈결에 다가와

"나
천도를…"
내 옛적 사람
새벽길 연다.

시냇가 집

도리실 아랫담 개울 옆
커다란 느티나무 있어요
야삼경이면 두견새
청아한 목소리
시냇물에 여울져 흐르죠

진달래꽃 그늘 지나고
느티나무 옆 쬐그만 집
아침 햇살 뜨락에 내리면
민들레 노란 꽃 수백 송이
양팔 치켜들고 환호하지요

마음 추울 때
따사로움에 젖고 싶어
사나흘에 한 번씩
황금 날개 산새 기웃대는
문경 시냇가 집 잠깐씩 들르죠.

나는 우둔한 광대 외 1편

이 순 우

내 안의 나라는 너
너의 채찍에 내몰려
겁없이 세파에 뛰어들어
파도가 밀려오면 파도를 타고
세월의 줄넘기
걸리고 넘어지고 깨어지고

나의 원형이정元亨利楨의 간판에
몰아치던 비바람
온몸 젖어들어도
늘 푸성귀 같은 아침을 열어 가고

내 평생 재간 한번 제대로 부려 보지 못한 우둔함으로
서툴면 서툰 대로 그렇게

앞서간 사람 남긴 상처 외로움 눈물조차
하얗게 바랜 들녘
허수아비 같은 빈 껍질이 되어도

세상 살 만한 곳이라고
아니 아름다웠노라고
내가 더 사랑했노라고

이제 내 나이의 무게로 고요히 가라앉는 낮은 자리.

꽃향기

말할까?

향기 날아갈까 봐
변질될까 봐
희석해질까 봐

아무 말도 못했네

사랑하는 사람 보듯
꽃을 보았네!

외로움 달래려
억새꽃 피는 언덕
쑥부쟁이 지천인 가을 산에 올랐네

마음을 비우려 강가에 나가 앉아
갈대밭 휘파람 소리에 취하고
잊어버리자고
물망초 꽃잎 하나 띄워 보냈었네

때로 앉은뱅이 꽃이 되어 풀썩
주저앉아 하늘을 보면
두둥실 구름 한 조각 흘러가고

내 마음도 흘러가거라
지나가 버린 아쉬움
심저 충일하는 슬픔에
흥건히 고인 눈물은
지금은 꽃향기로 남아 있구나
남아 있구나!

그대를 만나던 날 외 1편

이 영 순

그대를 만나던 날
느낌이 참 좋았습니다
그리고
이 느낌이 영원하길 바랬습니다
그리고 사랑을 알았습니다
그리고 그리움도 알았습니다

그리고 눈물도 배웠습니다
그리고 아픔도 배웠습니다
그리고 인내도 배웠습니다

그래도 나 지금
그대를 만나던 날의 느낌에
내 가슴 언제나 설레임으로
아름다운 기억을
축복의 선물로 받았습니다.

향기

한설의 매화 향기
제 아무리 아름다워도
내 가슴에 남 몰래 핀
그대 향기만 하오리
봄바람에 핀
황홀한 꽃이라도
사람의 도리를 아는
가지런한 연緣 꽃만 못하니

사람이 사람에게 주는
향기보다 더 아름다운 건
이 세상에 아무것도 없으리.

바람의 침술 외 1편

이 우 림

마당, 단풍나무가 소란하다
바람이 갈피갈피 들어가 흔들고 있다
묵은 단풍잎들이 가을가을 떠나간다
떠나보낸 모세혈관들 붉어진다
바람의 침술鍼銶을 본다

생각들이 병목에 걸려 있다
버리지도 쌓아 두지도 못하는
아파도 아프다고 하지 못하는
슬퍼도 슬프다고 하지 못하는
것들이
병 주둥이 언저리에서 아우성이다
바람의 심술心術이 필요하다

바늘 빛도 막아 버리는 그림자
혼자라는 세상에서
혼자가 아니면 혼자일 수 없는 그림자
철저로 위장한 철저치 못한 그림자
빈 듯 빈틈없는 그림자
바람의 침술을 보내야겠다
바람의 침술을 심어야겠다.

편쑤기 한 사발만큼만

눈이 내린다
쌀가루가 폴폴 날린다
백송 우듬지 꽃이 핀다
찌든 가난에 웃음꽃 핀다
떡을 만들자
떡고랭이 길게 길게 뽑아서 햇살 바른 노인정 어르신들
흠 없이 장수하시게
흠 없이 강건하시게
둥글둥글 썰어 꿩고기 맑은 장국에 끓여 내자
너도 한 사발
나도 한 사발
새해엔, 떡국 한 사발만큼만
엽전꾸러미 짤랑이게 하소서
새해엔, 떡국 한 사발만큼만
이웃과 나누게 하소서
덩 덩 덕쿵덕 덩 덩 덕쿵덕 세마치장단에
까치 두 마리 깨금발 놀이 절로 재미지다

기백 외 1편

이 원 상

한때 그렇게도 활기찬 기백이
이제는 목전에서 영구히 소멸된들 탓하랴

활기찬 기백이여
불멸의 영혼이여
그 시절을 돌릴 수 없다 한들 탓하랴

예전에도 있었고 오늘도 있을
그 원초적인 인자 속에서
인간의 번민에서 용출되는
정부정의 합이 갈등하는 길목에서
저 높은 곳을 향하여

절대자에게 기도하면서
오매불망 그리면서
이 한몸을 불태울 때가 아니랴.

계절은 가고

찬란했던 봄이 가고 또 왕성했던 여름도 지나
가을의 문턱을 넘어 잎은 쓸쓸히 지며
그 겨울이 가면 세월은 광음처럼 사라지겠지

나의 세월도 쓸쓸한 노년을 맞아 빛바랜 낙엽처럼
초겨울의 문턱을 넘으면서 하염없는 상념에서
눈물 흘리면서 밤잠을 설치었지

하늘의 월광을 바라보면서 상상의 나래 펴던
지난날 내 맘에 희열이 꽃구름처럼 피어난 밤은
항용 사춘기 소녀처럼 황홀경에 빠졌지

희수가 된 나이에도 월광을 바라보면서
지난날을 반추하고 자연의 경이로움에 감사하며 살지.

슬픈 짝사랑 외 1편

이 은 협

진실로 파도를 사랑하면서도
머뭇거리다 번번이 사랑을 놓치는
가련한 저 바닷가 절벽

슬픈 눈물로 보낸 수많은 길고 긴 밤들
가슴 외딴섬 응어리로 묻어 두고
마음 아리도록 외로이 보낸 세월 얼마인가

가끔은 오다가 되돌아가고
가끔은 사랑을 고백할 사이도 없이
가슴을 할퀴고 따귀를 후려치고 가는
앙칼지고 매정한 파도를 못 잊어
깨어지고 찢어지고 할퀴어진 상처들
갈매기 우는 바람벽 햇빛에 아우르며

언젠가는 번번이 왔다가
상처만 주고 돌아가는
무정하고 야속한 파도 부여잡고
까만 눈동자 서로 마주쳐 보며
사랑을 속삭일 날 있으리란
가냘픈 희망 하나 버리지 못해

절벽은 눈보라 이는 이 밤에도

고독에 길들여진 장승처럼 검은 눈 뜨고
먼 바다 끝만 바라보고 서 있다.

아버지

아버지는 언제나 자식을 가슴에 넣고 사셨다

내가 아버지 마음에 벗어나는 행동을 하면
아버지는 그때마다
가슴속에 날 더 깊이 넣으시고
아픔의 갈피를 들추며 신음하셨다

아버지는 말씀을 눈으로 많이 하셨다
어른을 공경해야 한다
형제간에 화목해야 한다
언제나 건강해야 한다

가시고기처럼 자식을 위해
희생과 헌신을 다하신 아버지 말씀을
내가 어른이 되어 일을 할 때에도
잠을 잘 때에도 머릿속에 넣고
단단한 줄로 꽁꽁 동여매고 살았다

바르게 잘 살아야 한다
모든 일에 성실해야 한다
많은 사람들에게 덕을 베풀며 살아라

아버지 생전 눈으로 말씀한 것들이

몇 번이고 깊은 사랑으로 재생되어
평생 내 마음 두루 살피는 참다운 진리로
언제나 내 마음 위를 걸어 다녔다.

술잔과 마주하다 외 1편

이 인 오

노을을 걷어가는
땅거미가
달빛 내리는 길 위에서
술을 마신다

벗어 던진 하루 주워 들고
취기로 삼키는 말꼬리 잡고
헹구는 상처는 열꽃으로 피어나고

이따금
젖은 눈망울이 바라보는 외등
밤안개 자욱한 옷을 걸치고
그만, 일어서라는 듯 깜박이면
엎드린
빈 술병이 소근거린다

불꽃으로, 불꽃으로.

처서가 지난 뒤

바람이 꽃내음 몰고 와서
행여 그대 와 있을까
두 팔을 벌려 보았습니다

입술을 깨물어도
시든 꽃잎
머물고 있는 잔가지듯이

그리움으로
꽃잎 속에 숨어든
풀벌레 가슴 찢는
마당가 배롱나무 바라보며

떨어지는
꽃무더기에 앉아서
자꾸만 뜬금없이
나도 꽃인 줄 알았습니다.

회상回想 외 1편

이재곤

지나온 세월이야
어려움도 많았거니
슬픔도 외로움도
시간 가니 멀어지고
저무는 세월 앞에서
어머니가 그립다.

모든 짐 내려놓고
비우고 살 나이다
오남매 키우려고
뛰고 뛰던 그 시절이
서해의 노을빛처럼
아름답고 싶구나.

코스모스

가녀린 꽃잎마다
고운 빛 물들이고

길섶에 무리 지어
자태姿態를 한들대며

풍진風塵에 더럽힌 나를
위로하듯 방긋한다.

파란색 하늘 아래
하늬바람 불어오면

차별 없이 반겨 맞고
연인도 되어 주는

청초淸楚한 너의 모습은
소녀의 순정이다.

감사드리는 마음 외 1편

이재성

기쁨이 두 배로 늘어나던 날

황혼黃昏의 기러기 한 쌍이
황금黃金 마차를 타고
황제皇帝가 되었습니다

일몰日沒을 마주한 노정路程에서
캐낸 사랑의 축등祝燈

인생의 섣달그믐날까지
황제로 모시겠습니다.

탈속

두 번 살 수 없는 나를
돈은 젊음을 망가트렸고
여자는 괴로움을 안겨 주었으며
술은 임금으로 받들어 주더라

풍류와 낭만은 탐미의 원천
천고의 시름 잊고서
황금 술잔을 비우세.

백발의 꽃송이 외 1편

이재흥

굽은 허리
지팡이에 의지하고 서서
야윈 목을 줄기로 뽑아 올려
새하아얀
백발의 꽃송이로 피어났네

매콤하고 칼칼하게 살려고 먹은
고추장의 붉은 색깔도 백발이 되고

낭비 없이 짭짤하게 살려고 먹은
간장의 검은 색깔도 백발이 되었으며

서로 어울려 구수하게 살려고 먹은
된장의 노르스름한 색깔도 백발이 되었다

값진 오랜 삶에서
안으로 녹아들은 색깔들과 희로애락이
햇빛을 평생 하아얗게 받아들인 백발 되어
꽃송이로 피어났네

애환의 인생
백년 코스를 완주하여
하나님이 상으로 주신 백발 꽃송이

더없이 신성하고 순결한
영광의 선물

새하아얀 생명
백발머리 꽃송이로 피어났네

백발머리 꽃송이를 피운
그 마음도 하아얗겠네.

나는 외롭지 않다

나는 외롭지 않다
마음속에 늘
아내의 따뜻한 사랑이 있어서
때로는 서로가 헤어져 있어도

북극의 빙산 위에 쓰러져 있다 해도
에베레스트 산 중턱
만년설 속에 파묻혀 있어도
나는 얼지 않을 것이다
마음속에 늘
아내의 따뜻한 사랑이 들어 있어서
몸에 배어든 아내의 정이 뜨거워서

아,
하늘의 뜻에 따른
마지막 호흡 거둔 때
나는 죽지 않으리
내 심장은 식지 않으리
몸에 배어든 아내의 따뜻한 정
그 사랑이 뜨거워서.

봉숭아 추억 외 1편

이 정 님 ^{이룻}

삽사리 혼자 놀기 심심하다고
문밖 툇마루를 긁어대는 칠월 초순
장독대 뒤에 숨어
수줍게 핀 봉선화 빨갛게 웃는다

작은 손으로 햇살 움켜쥔
단발머리 소녀
엄니 곁으로 쪼르르 달려가
햇빛 쏟으며
툇마루에 철썩 주저앉는다

봉선화 꽃잎 찧어
손톱에 꼭꼭 채워 주던 엄마 사랑
하늘 바라보다
손가락으로 허공에 써보는
낙서 한 줄
아! 엄니가 보고 싶다.

꽃이 된 그녀

기찻길 옆에
그녀의 꽃밭이 있다
데이지만 가득 심어 놓은 그 꽃밭은
지나가는 길손의 가슴을 덥혀 준다

숨겨진 사랑이라는 꽃말이
푸른 대궁 위에 동그랗게 앉아
미소 한 접시 올려놓고
누군가를 기다린다

그 옛날 바다가 좋아
새하얀 모래톱 뒤져
흰 조개껍질로 목걸이를 하던 그녀가
기차 소리 들으며
데이지 꽃으로 피고 있다

꽃은 꽃으로 피고
여인은 추억으로 피고
추억은 추억으로 피고.

눈 내리는 대승사 외 1편

이 정 록

일주문
비탈길에
오가는 이
하나 없고

숲속엔
종일토록
새조차
날지 않네

날 저물자
추녀 끝에
풍경도
잠이 드는

눈 내리는
대승사大乘寺

밤 깊어
독경 소리
끊어지면
외로워서
어쩌나.

국화 옆에서

눈이 시리도록
파란 하늘을
겹으로 두르고

무서리
하얗게
내린 날이면

샛노란
국화 향보다
더 진한
그리움을
피워 올린다.

타임머신을 타고·2 외 1편

이 정 자

어릴 적 우리 집을 꿈속에서 가끔 본다
앞마당 해 그림자 나의 시계 바늘이고
기둥은 고무줄놀이 버팀목이 되었다

혼자서 땅따먹기 왔다갔다 손뼘재기
이 놀이 저 놀이를 나 홀로 지어 보고
그렇게 혼자 놀아도 해 그림자 기운다

지금도 어린 시절 우리 집을 그려 보며
격 있는 한옥 지어 운치 있게 살고 싶다
확 트인 대청마루서 시조 한 수 읊으며.

페르소나 · 3

보살을 보는 듯한
화안한 웃음 뒤에

아프게 투사되는
이중의 페르소나

그러게
한 길 사람 속
모른다고 하나 봐.

곡비哭婢 외 1편

이 제 우

누군가 시인詩人은
슬픈 사람을 대신
울어 준다고 했다

몇 날 며칠
대성통곡하며
흘린 눈물이

대지를 적시고
강과 호수를
넘치게 했으니

하늘은 시인
그렇다
시인 중의 높은 시인.

※양반의 장례 때에 슬프게 울어주는 계집종

속울음

천형天刑을 앓는가

누가 볼까 봐
누가 들을까 봐

혼자서
혼자서

타는 가슴
터지는 가슴 뜯으며

삼키고
또 삼키다가

꺼이꺼이 쏟아내는 소리
피보다 진한 울음

누가
그 울음소리 들어봤는가?

누가
그 피울음 울어 봤는가?

뒤돌아본 세월 외 1편

이 종 문

정답게 걸어가는
황소와 할아버지

그 모습 간직하고
고행길 넘어오니

백년의 짧은 세월이
한잔 술에 잠겨 있구나.

행주산성에서

행주산성 승전비 아래
한강물은 흐른다
과거는 흘러갔고 미래는 흘러온다
역사는 알고 있나니
기쁨과 괴로운 사연

물길은 흘러가고 인생은 여기 있다
서러움은 물러가고
희망이여 밝아 오라
하루의 붉은 노을은
또 하루를 만드나니.

산오름 외 1편

이 종 수

산에 오르는 것은 실존의 근원에 접근하는
것인가, 사바娑婆에서 멀어지는 것인가

나는 산의 높이를 하나씩 밟으며 오른다
가늠할 수 없는 침묵의 무게 정적의
깊이를 딛고 걸으며 오른다. 일상을 벗어나
세파의 오뇌와 번뇌를 잊고자 나는 산에 오른다

한데에 오래 방치되어 풍우상설로
이끼 낀 맷돌 같은 존재가

산에 몰입하며 산의 정기에 취해 상쾌한
산바람을 호흡하고 산경을 감상하며
산에 오른다. 시나브로 싱그러운 야생이 된다

산길 굽이굽이 돌아 원색의 산객들이 이루는
사행蛇行의 오름길에 저마다 삼삼오오
무리 지어 정상을 향한 발걸음들이 가볍다

스쳐가는 바람결에도 자족하며 불가에서
말하는 억겁 전생의 인연을 생각한다

한때는 여기 어디쯤에서 둥지를 틀고

서식했을 조류나 산짐승들 이제 떠나고 없다

달맞이꽃 환하던 달 밝은 밤이면 이 골짝과
산록과 능선에는 산짐승들이 출몰하던 곳
그러므로 종족을 이루기도 했으리라, 옛적에는.

죽음에의 도전

그가 후폭풍을 일으키며 활강滑降 질주한다
그 폭주에 만년 설산의 정령들이 꿈을
꾸다 대경실색하고 오열하며 포효咆哮한다

미끄러져 내리며 분기하는 눈사태의
저 아우성, 태산명동하며 스키어를 금방
이라도 눈 속에 매장시킬 기세다
저 분기탱천의 질풍노도를 보시라

하지만 광포한 스키어는 아랑곳없다. 도전과
모험 스릴과 서스펜스 스펙터클로
짜릿하게 생의 종심從心을 관통하고 있다

천야만야한 낭떠러지 아래로 활강 비행하며
아득한 죽음의 공포 속을 관류하고 있는
저 용감한 사나이의 과감한 시도가 아찔하다

아슬아슬하게 뒤따르는 스노우 슬라이드snow slide 그러나
스키어는 모험 속에서 살아 있음의 순간순간을
투신하고 만족하며 생을 즐긴다

천인단애의 고봉설산, 칼날 같은 경계를
넘나들며 눈사태를 일으키는 위험천만한 스키어의

심장과 배짱과 용기의 무게는 대저 얼마일까

저 신비와 불가사의 진기와 명기 불세출의
특기와 신기 저건 인간 별재別才다

허공에 솟구쳐 떴다 휘젓고 공중돌기하며
눈 위에 사뿐히 착지하는 묘기가 실로 아연하다

생을 담보로 한 전율과 공포, 삶의 찬가 죽음의 예술.

작은 들꽃 외 1편

이 지 선

네 이름이 뭐랬지
풀을 뽑다 너와 눈이 마주쳤을 때
네 이름을 알지 못해 미안했어
언제부터니
그 자리에 그렇게 웃고 있던 게

네 얼굴이 너무 작아
돋보기로 얼굴을 들여다봤지
그리고 나는
숨을 멈추고 눈을 감았어
그렇게 작은 얼굴에
그렇게 큰 우주를 담고 있다니

너 보기가 부끄러워
뒤돌아 내 얼굴을 가리웠지
이렇게 큰 얼굴에
아무것도 담은 게 없음이.

들꽃이어라

누군가 눈여겨봐 주지 않아도
누군가의 눈에 띄려 애쓰지 않으며
때가 되면 피고 져도
누군가의 입소문에 오르내리지 않은
들꽃이어라

이따금씩 바람이 흔들어 주고
나비랑 벌이 와서 놀아도 주고
해와 달이 웃어 주면 가슴 설레는
들꽃이어라

서로의 생김새는 각각이지만
서로가 서로를 받아들이며
산야를 아름답게 가꾸기 위해
서로가 서로를 필요로 하는
그렇게 더불어 사는
들꽃이어라.

세월이 떨구고 간 것은 외 1편

이 지 언

바람이 지나며
사과 하나를 떨어뜨리고 갔다
세월이 흩어 놓은 것이 어디 그뿐이랴

그는
늦가을 을씨년스러운 광화문 한복판에
나를 내버려두고 어딘가로 부리나케
달아나 버렸다
아픔과 눈물로 짜여진 목도리를 두르고
어딘가를 향해 걸어야만 했다

우주는 지구를 떨어뜨리고
지구는 잎새 같은 날들을 떨어뜨리고
나는 지금 어디로, 어디로 흘러가야 하는가.

달빛 벗 삼아 시침질하며

오늘의 허점을 찾아내
질기디질긴 실로 단단히 꿰맨다
창가를 훤히 비추는 달빛에게 위로받으며
뜯어져 갈라진 마음 찬찬히 살핀다

한 땀에 부질없는 생각과
한 땀에 어리석었던 질퍽한 망령에서
벗어나지 못하는 건 무엇 때문일까

먼지를 털듯 허상을 털어 버리고
세상에 모든 숨결들을 사랑하고픈
힘겨운 그대여,
오늘은 이쯤에서 책갈피에 꽂아 두고
내일을 이야기하자.

이슬 외 1편

이 진 석

밤새워 모은 정
남모를
눈물인가
햇살이
번지는 아침에
스스로를 바친다.

노을

빈 가슴에
저녁노을이 탄다
잠시 스몄다 흩어지는
따뜻한 사랑

따사로운 빛으로
눈으로 가슴으로
나를 데려가는
미명未明의 날이 저문다

빛나는 가로수 잎들도
다하지 못한 하루를
저마다 아쉬워한다

울고 싶도록
사랑스런
비둘기의
나랫소리

하루의
막이 내리려는
우렁찬 징소리가
금세
울려 퍼질 것만 같다.

생각하며 외 1편

이 창 한

숲길에 도열해 있는 늙은 소나무
굽은 등걸 따라 손자들의
지지배배 조잘거리는 소리에
푸른 바람이 길을 터주고

감은 눈 속에 잠겨 오는
깊은 마음의 샘에서
길어 올리는 맑은 냄새
살아 있다는 안도감이 슬며시 들어 앉아
전신으로 넓게 퍼진다

눈을 감아야 비로소 보이는
고요와 아름다운 묵상
삶과 사람의 기억 속에 녹아
천천히 빛으로 반짝이며 다가오는
아이들의 웃음소리가
저들의 자리를 찾고 있다.

기억 속으로 떠난다

바다가 술이라고 했다
파도는 비에 젖은 부두를 씻어내고
헤어질 수 없는 만남으로 비틀거리는
바람 따라 번질거리는 어두운 냄새
취할수록 무섭게 다가오는 욕망이
찢어지는 몸짓으로 이성을 벗어 버리고
푸른 것보다 검은 내음에 절어
또 한 번 어리석은 사랑을 시도한다

짠맛으로 일구어 끝없이 쓰다듬어며
나를 위로하는 부두 위에 얹혀 있는 폐선
벗겨진 칠 옆구리에 붉은 글씨로
희망이라고 새겨진 자신을 원망하며
까만 바다 쪽으로 자꾸만 기울고 드러눕고

꿈속에 살아 돌아온 선주는
새벽도 오기 전 어두움 헤치고
저기 저 바다 아주 먼 외딴섬으로
아무것도 따지지 않는 자유로운
가슴으로 살아갈 수 있는 곳으로

밤이 되면 낡은 폐선은
둥 둥 둥 북을 울리며
하루도 빠지지 않고 출항한다고.

그 사이 외 1편

이 처 기

푸른 숲 사이에 들어선 아파트

저 능선 사이로 넘어가는 저녁 해

흐르는 종소리 사이로

하산하는 나그네.

가인 장사익

새벽에 먼저 와 하늘 별 심장을 뚫고
날 선 절벽 아랫목에 방울방울 떨어진다
휘이인 귀창이 운다
안마당이 울린다

이 봄날 가는 길에 피는 꽃도 이울면
한 생애 무거운 등짐 한숨도 내려놓고
등받이 가장자리서 우주를 내리친다

먹 번개 스친 후 가라앉는 여백에
소름이 으쓱, 돋다가 곧장 명징해지는
청산을 휘감고 도는
목메인 소리
소리.

※가인 장사익은 우리나라 혼을 심는 소리꾼이다.

새 이웃 풍경 외 1편

이한구

곰삭은 나뭇등걸이 세월을 버티는 산자락
망초꽃 더미 눈부신 곳에
다 무너진 봉분은
이웃들 자갈 가림으로
하늘을 덮었다

제감냥 서먹해진 사촌 육촌
오랜만의 해후로 남만 같은 얼굴들
초상마당은
식어빠진 제상이
주인을 빌고 앉았다

풍경 소리 어눌한 세상살이
이승의 끈 한 올씩 거두어 가면
하늘의 두께만큼이나 무거운
죽음에 대한 말들이
수북이 쌓였다 허물어진다

낡은 집 옆으로
송구스럽게 차리고 눕는 새 이웃은
고요를 섬기는 예의를 위해
마지막 침묵의 떼를 두들기면
돌아가는 자나 남은 자나
모두가 자유롭다.

풍금 소리

까치집 높은
미루나무 옆에
작은 교회가
황갈색으로 익어 가고

미풍은 따끈한 커피 향을 나르다

가을 들판 늦은 오후로 접어들며 식어 가고
파란 실 가닥 연기 같은
풍금 소리
소녀처럼 해맑게
노을 위로 걸어온다.

그런 세상 외 1편

이 한 식

무슨 일이나 웃어넘기는 이가 있는가 하면
괜한 짜증을 내는 사람도 있게 마련이다

복은 내가 짓고 내가 받는 법
믿음이 없으면 깨달음도 모른다

인연이 다하면 기울게 됨을
무정한 세월은 바위나 알까 모를까

떠다니는 구름이야 한없이 흐르다가
온갖 세상을 다 보게 될 테지만

우연인지 필연인지 알 순 없어도
사랑도 그리움도 인연마저 버릴 수 없다

간섭도 제약도 받지 않는
그런 좋은 세상 어디 없을까.

옛 추억

끼니를 자주 거르다 보면
뱃속에선 언제나 꼬르륵 소리가 들렸다

꽁보리밥도 모자라
항상 껄떡거리던 시절

꼬리가 꽤 길던 새까만 보리밥 소쿠리엔
늘 파리가 떼로 몰려다녔다

그래도 그 밥을 찬물에 말아
풋고추 따다 고추장에 찍어 먹으면

아! 꿀맛 같았던 그 맛
천하 일미 꽁보리밥

아련한 추억의 한 토막이건만
난 영원히 잊을 수 없을 것 같다.

어둠의 나신 외 1편

이 | 형 | 환

어두컴컴한 날씨가
내 마음 닮아서
기분이 묘하다
분위기를 잘 타는 내 마음은
조용히 정원 바라보며 서 있습니다

외로움이 스며들면
마음에 따스한 화롯불을 피워서
어둠을 즐기려고
조용히 임을 그린다

달려가
당신을 확 끌어안고
정겨운 뽀뽀를 해 주고 싶다
어둠의 나신
이불 속의 화롯불.

비 오는 날

비가 와서
살짝 추워
당신 품에 안기고 싶다

비가 와서
맘이 심란하여
당신 품에서 조잘거리고 싶다

비가 와서
우울하여
당신 품에서 평안을 찾고 싶다

비는 당신과 나의
연결 고리인
사랑을 듬뿍 주는 행운이다.

하나 속에 하나 외 1편

이 호 정

철갑 밤송이
알밤 하나 툭 떨어지니
하얀 속살이 자유하여
껍데기는 엄마이다

밀물도 바다
썰물도 바다
수평을 향한 바다
세상 바다는 하나이다

삼족을 멸하는
경국대전 만들어 놓고
산 사람 코 베어 가는 임진왜란
배부른 사대부의 오만 탓이야

깨어 있으면 25시이라
때의 징검다리가 세월이라
해도 달도 같이 있어
하나 속에 하나 필연이야.

이별

머무는 곳에
정이 있고

변하는 곳에
이별이 있다

정은
구름 타고 흐르고

눈물은
가슴에 옹달된다.

세상 이치 외 1편

임|제|훈

7월 장마
시작하다 물러서더니
기온만 시원하게 낮추어
농민들 가슴만 쓰리게 하는구나

작년엔 여름 끝고
열대 폭양에 주책없이 까불대더니
금년엔 35℃ 근방 경중대다 이젠 30℃ 밑에서
에어컨 노리개로 삼고 있다

앞으로 장마 8월로 훌쩍 넘기려나
해 달이 별들 경치 구경하다
치매 걸렸나

77억 지구 인간들
80억까지 끌어다 놓고
마술 구경시킬 작정인가

세상 돌아가는 이치
누가 제대로 알겠는가?

서울 구경

비싼 입장료 내고 하늘 보기
롯데월드 110층

마술 구경 휘둘리다
대구 성서 촌놈

서울 저 산 골짜기
장난감 막대 세워 논 아파트
냇물가 조약돌 줄 맞춘 집들
올챙이 우글거리는 차들

그래도 34℃ 하늘은
사람마다 밖으로만 나오면
짜낸 땀 받는다

한참 도깨비에 휘둘리다
1층 내려 나오면

입장료 비싸다
입술 틀고 투덜대는 사람 없어
서울 맛 미소로 삼킨다.

계절의 교차로에서 문득 외 1편

임 향

찬서리 단풍 바람 스친
얼음 밭에서도
계절 없이 만발했던 할미꽃

마음이 요사하여
가을이니 봄이니 분별로 들떠
잃은 나를 찾아 헤매다가

계절의 교차로에서 문득
마음마저 잃어버리고 나니
이제서야 그리도 찾던 내가
늘 여기에 있었구나.

대나무의 일상

비워 텅텅 비워
더 비울 것이 없어 가벼운 날개

스치기만 해도 우루루 쏟아지는
가득한 초록빛 웃음

무우수*로다.

※무우수: 불가에서 말하는 근심 걱정 없는 나무.

산이 좋아라 외 1편

장 동 석

산에 오를 때면
언제나 그 자리에 서서
제 등을 내주는 산이 있어 좋아라

그 산속에서
각양각색의 신비한 바위와
푸른 생명을 느끼게 하는 나무가 있어
늘 그들과 더불어 살아가는
나는 깊고 넉넉한 품성을 지녔다

울창한 푸른 숲과 나무를 견주어 보면
그들보다 짧은 인생
몇백 년을 살 것처럼 허둥대지만
백년도 못 사는 군상들이
얼마나 아등바등거리고 교만하게 살고 있는지
일깨워 준다

사계절 동안
나를 움직이는 것은
제 녹음을 다 털고 깊어 가는 저 여유
그들과 함께 삶의 체취를 느낄 때
내 자신 스스로 겸손해지고
인간이 얼마나 욕심이 많은지를 알게 된다

산에 올라서면
수많은 새들이 낭만을 노래하고
세상 근심 모두 다 버릴 수 있어
그곳을 오르는 게 얼마나 행복하다는 것을
절로 느끼게 한다.

가을 산책길에서

해거름 짧게 내려앉은
깊은 가을날

저녁 산책을 하다가
어깨를 툭 치며 정적으로 떨어지는
낙엽이 너무 고와서
한 잎 주워 가슴에 품는다

생애 최고의 푸른 녹음과 축복을 누리고
마지막 뿜어내는
삶의 빛깔들
갈색 빛으로 눈이 부시다

내 인생은 과연
어떤 빛깔로 물들어 가고 있을까

이순耳順 고개 훌쩍 넘어
정적으로 떨어지는 낙엽을 밟고 있는
나의 초라한 뒤안길에서
속절없이 걷고만 있다.

다정한 친구 외 1편

장 문 영

우정을 진주처럼
실에 꿰어 본다
몇십 개나 꿰었을까

너의 사랑 클로버 꽃반지처럼
손가락에 끼워 본다

영롱히 빛을 발하다
이슬처럼 숨어 버린 친구

마음속에 예쁜 꽃으로 피어
시들지 않고 조용히 머무는 친구

가슴에 촉촉한 그리움 남기고
이국땅에 가버린 친구

가을 단풍처럼 내 주위에서
성숙한 정을 주고 사는 친구

가슴 나무에 주홍빛 홍시처럼
같이 익어 가고 있다.

노을빛 그리움

가슴 깊숙이 묻어 둔 그리움
애끓는 노을빛 치마폭
고독의 잔뼈들 나뭇가지에 앉았다

목멘 눈물
강물에 풀어 놓았는가
강물도 눈시울이 붉다

주홍빛 노래 메아리 되어
산을 넘어 허공 맴돌다
님 그림자 찾아가려나?

덧없이 흘러간 긴 세월
잡념은 잡초처럼 무성히 자라고
황량한 가슴 안고 서성이는 밤

깜박이는 별 눈동자 되어
어둠 배회하며
새벽이슬만 잔뜩 머금었네

한숨 섞인 뼈 마디마디 맺힌 그리움
혹독한 겨울보다 시린 여인의 가슴이여
아침 바다도 붉은 눈물로 덮이는구나.

순간 속으로 외 1편

장|병|민|

순간순간 다가오는 일상들에
아직도 미련이 남아 있나 봐
만남과 헤어짐의 아픈 사연도

앞길은 까마득하고 갈 길 먼데
예습도 복습도 없는 인생
영원한 것 하나 없는 세상사

한순간이라도 잊지 못할 그대
매 순간마다 잊고 사는 삶
인생은 구름이고 바람인 것을

꽃 피는 봄날 아름다운 청춘
그리워하며 애태운 시절
잊으라며 손사래 치는 빈손

하늘의 뜻과 자연의 섭리
피하려야 피할 수 없는 인생
순간 속으로 순식간 사라지네.

선팅 된 차창

이른 아침 눈부신 햇살 속에
무엇 하나 감춤 없이
서로 주고받는 눈인사
정답고 아름다웠는데

선팅이라는 짙은 화장은
투명성을 거부한 눈가림
오만과 이기심의 극치이지

독선 가득찬 폐쇄된 공간
두 눈 부라리고 내달리는
까칠한 모습 정말 두렵다

아직도 늦지 않아
깨끗이 화장 지우고
주고받은 눈길 속에
상쾌한 아침을 열어 보세.

화담숲 분재盆栽 외 1편

장|영|옥

가을바람이 홍엽으로 물든 화담숲에 불어온다
소사나무 가지에 걸린 엉킨 구름은
떠나 버린 멧새를 대신해 빈 새장을 지키고 있다

커다란 정원 속에 감춰진 혼자만의 정원을 꿈꾸며
소사나무, 모과나무, 소나무는
작은 화분 위로 분재의 세계를 쌓아올렸다

비좁은 흙을 뚫고 올라온 나무는
열매의 웃음을 뒤로한 채 수없이 가지를 쳐낸다
마침내 거목의 정취를 손에 넣은 분재는
별빛을 받아 고요히 빛나고 있다

마음은 언제나 방패 뒤에 숨어 있었다
절대 보호해야 할 대상 주위로 선회하는
성스러운 빛줄기마저 흩뿌리면서.

태동하는 꽃

길고 긴 시간
태초의 어둠마저 삼킬 듯한
지루한 침묵 속에
초록빛 껍질이 실룩인다

새벽의 빛을 가르며
암울한 고뇌 속
회색의 바닥 위에
솟구쳐 오른다

빛의 세례 속에
불길이 치솟으며
겨울 뒤에 피어나는
눈물이어라

개화와 함께
종말은 시작되니
정중동 靜中動
그 모습
아름다워라.

봄의 숲 외 1편

장인숙

혹독한 추위에
얼어죽었을 것 같은 나목 가지마다
신의 손길이 닿은 듯
싹이 돋고 자라나
제법 너불거리는 연둣빛 잎들이
바람에 하늘거리고 있습니다

견디며 참는 자에게 오는
푸른 희망인 것 같습니다

겨울 속에 잠입했던 봄이
승리했노라고 외쳐 대는 듯
산새들의 지저귐이 대단합니다

이 찬란한 숲 속
문득
혼자임을 느낄 때
바람이 귓전을 어루만지며
말하는 듯했습니다

머문 슬픔이 있거든
그 슬픔 잘 다스려
가슴속에 영원히 지지 않는
한 송이 꽃으로 승화시키라고.

가을의 숲

가을을 열고
성주산 휴양림에 들어서니
길가에 쭉 피어 있는
흰 구절초가 우릴 반기네

지난 젊은 시절에는
야산에 지천으로 피던 구절초

옛일을 떠올리며
화사한 꽃을 바라보니
어느새 나이가 벗어지고
달빛 속에서 사랑을 찾아내던
젊은 날이 꿈처럼 떠오르네

도토리가 여기저기 떨어지고
가을 버섯이 솟아오르는
피톤치드가 가득한 숲
우리 자매들은 합창으로 웃으며 밤을 잊은 채
정담으로 시간 가는 줄 몰랐네

회자정리
며칠 간을 꿈같이 보내고
숲과 아쉬운 작별

가을이 가득한 가슴 한편에
아담한 봄밭을 마련하고
작은 꽃씨 하나 심어야겠습니다.

산다는 것이 · 88 외 1편

장 현 기

창변에서
큰소리로 웃음을 허허허 웃어 보고 싶기도 하고
땅을 치면서 서럽게 서럽게 통곡을 하고 싶은데
그 어느 것 하나도 해볼 수 없는 처지에 있으면서

떠오르는 상서로운 아침 해를
푸르디푸르른 파아란 하늘 하늘 하늘을
하늘에서 떠다니는 구름을
제 몸 태워 불사르며 장엄하게 지는 저녁 해를
하늘을 버얼겋게 버얼겋게 불타오르는 노을을
밤하늘에 해맑게 떠 있는 달과 별들을

우두커니 창변에 앉아서
바라보고 있어야만 하는
늙고 병들어 꼼짝 못하는 내 꼴이

서럽고 서럽고
서러웁네.

산다는 것이 · 103

비가 내리네 비가 내리네
차가운 비가 내리네

어두운 밤에
캄캄한 밤, 밤하늘에서
차갑고 차갑고 차디찬 비가 내리는데

캄캄하게 어두움은 무겁게 무겁게 내려 덮이고
차가운 비바람은 거세게 거세게…

고독
고독, 고독
고독
고독

고독이 쏟아지네.

가을밤 외 1편

전 관 표

갈바람 미련 남아 골목길 서성이고
달빛 새어 빈 책상에 살며시 내려온 밤
머나먼 이곳 나 홀로 잠들지 못하는데
나뭇잎은 밤새 이슬에 붉게 물들겠지

접고 접은 그리움 펼치고 싶지 않아
내 마음 저편에 고이고이 두었지만
눈물 참으려 큰 숨 한번 베어 무니
시간은 바람처럼 맴돌다 사라지려네

오래전 인연이 아닌 줄 알면서도
기억은 반딧불처럼 온 밤을 헤매니
오늘도 먹먹한 가슴은 달빛 따라
별 무리 흐르는 가을밤을 걷고 있네.

연정

산등 따라 불어오는 하늘 바람
푸르른 이파리 숲 내음 쉬이 담아
서산의 붉은 햇살 멀리 빗겨 가면
홀로인 내 마음 그를 따라가려네

사람들은 잠들어 밤은 고요한데
세상에 가득한 풀벌레 소리들도
크게 누운 산들과 맑은 공기도
애달픈 빈자리를 채울 수 없어

솔잎 사이사이 스미는 달이여
님의 살빛 내게로 담아올 때
별빛 가루처럼 고운 손길 그리워
휑하니 해진 가슴 눈물 한 올 훔치네.

엄마 사랑 외 1편
—미세먼지·1

전 석 홍

화병마다 정성스레 담는다
디시디아 풀을
극성스런 미세먼지 빨아들인다고

집안 곳곳
한두 개씩 놓아두고

아들 집
큰딸 작은딸 집에 보내며
당부 또 당부한다
맑은 공기로 바꿔 준다니 놓아 보자고

저 영롱한 잔 잎새들이
초미세먼지를 빨아들일지
아닐지
안개 속이지만

지극한 엄마의 사랑.

빗물 쏟아지기만 기다려야 하는가
― 미세먼지 · 2

어디로 사라져 가는가
동심처럼 파란 하늘은

하늘호수 뿌연 물속
태양이 잠겨
빛살을 잃고 둥둥 떠간다

창문 닫고 집안에 머물라 한다
마스크 쓰고 오가는 행인들

바스러진 금속성 미세먼지
핏줄 타고 온몸 스며들어
심장도 호흡기도 뇌 질환까지 일으킨다는데

바람 불어오기만 바라야 하는가
빗물 쏟아지기만 기다려야 하는가.

바람의 희로애락 외 1편

전 순 선

바람도 숨고르기를 한다
무작정 직진으로 몰아쳐 가다가도
굽은 길을 만나면 제 몸 꺾어 휘돌아 갈 줄 알고
잠시 들녘에서 명상하며 쉬어 갈 때를 안다

사람들은 사계四季 바람이
천지사방 가득한 무한한 공것이기에
철따라 바람결에 녹아 있는
그들의 감성 따위에 무덤덤할 뿐이다

언제부턴가
인간은 만물의 영장이라며
겸양치 않은, 완전치 않은
심판자의 표찰을 가슴에 붙이고는
정작 만물의 움직임과 숨결들을
사려 있게 통찰하지도, 느끼지도 못하면서

종종 바람의 감정을 오판할 때가 있다
한 생을 바람으로 살아가는 저들의 희로애락을,
우리 모두 바람인 것을.

그림 한 장 보거든

먼 훗날
우리의 모습이 산노을 바람처럼 지날 즈음
그 흔적의 자리를
마디마디 더듬어 보지 않겠소

되돌아보면
인생이란 몸과 영혼의 붓으로 그린
한 장의 그림만이 남겨질 뿐
그 그림 보고 한숨지며 후회하면 어쩌겠소

그래도 인생은
지상의 끈을 붙잡고 가야만 하지 않겠소

나뭇가지의 외로운 잎새도
끝까지 풍경으로 남고 싶어 하는
존재의 비밀을, 우리가 보지 않았소

이제라도 뛰는 심장에
여한 없는 나를 그릴 수 있다면
비록 내 삶이 작아도 계속 가야 하지 않겠소.

할미꽃 외 1편

전 윤 동

할미꽃 한 송이
입술 붉게 바르고
나, 님 마중하러 나가오

무덤 속에서 말하길
임자, 나를 놔두고
누굴 만나러 가나

누구긴 누구야
우리 봄님이시지

임자, 바람났구랴
봄바람 봄바람
그럼 난 어쩌나

이 양반 울기는
봄님이 영감
새 옷 지어 주러 오는데.

봉화송이 너

두 팔은 고이 숨긴 채
머리로 기지개 켜는 너
네가 잠에서 깨면
땅이 볼쏙볼쏙
낙엽이 불쑥불쑥

신선이 머물던 소나무
먼 옛날 숨결을 품은 너
내 너를 만날 때면
가슴이 찌릿찌릿
손길이 달달달달

생김새도 맛도 일품
우리나라 명품이 된 너
네가 상에 오르면
향기가 솔솔솔솔
군침이 살금살금.

하구에서 외 1편

전 | 현 | 하

여기까지 온 길이 순탄치 않은 나날
굽잇길 돌 때마다 부서지고 깨어지고
부딪힌 그 세월들이
시나브로 밀려온다

모서리 돌 때마다 깨어진 언어들이
내 가슴 언저리에 지문으로 남는다
이제는 모든 응어리
강물에 띄운다

때로는 비에 젖어 슬픔도 잠겨 보고
한때는 정에 겨워 웃어도 보았지만
하구에 다다른 지금
회한만이 쌓인다.

설야雪野

하얀 깃털들이 쏟아지는 고향 저편
옛날애기 구워 내던 화롯불이 그리웁다
불혹 그 반고비 넘어
돌아보는 유년 생각

그날 마늘밭에 눈이 소복이 쌓여
흰 마음 흰 동심을 마음껏 노래했지
지금의 눈송이보다 더
하얗던 그 옛날에

오늘은 수리산이 병풍처럼 누워 있다
매운 바람들이 빈 가지를 울려놓고
죄 씻듯 원죄를 씻듯
눈은 자꾸 내린다.

그 꿈틀임 외 1편

정 상 원

흔들리는 것은 잠들지 않는다
갈대의 속삭임에도 기척이 없다
불빛은 보이지 않고
어둠 속에 걸음은 발 저림에 더디다
간다는 약속도 없이 허둥진 마음만 앞서는데
내 안에 족함은 채워지지 않는다
펜 끝은 잠들고 무딤은 꿈틀임을 침식한다
어찌할까
가슴은 방망이질 치는데
온다는 절박새 오지 않는다.

아직도 나는

　가지 못한 날들이 가여워 다짐을 한다 보고 싶어 미워한다는 간절함이 아픔을 더하고 서성이다 발길을 옮긴 기쁨보다 절박한 소리는 은둔한 건지 메달 따면 뭐하냐는 원망을 듣지 못했다 소홀함이 홀대한 외로움을 감싸지 못하고 무성한 대답만 남긴다 깊어 가는 한숨 소리 들릴 듯한데 아직도 그대 곁에 가지 못했다 낙엽 진 뒤에 흔적이 사라질 텐데도.

갈대 외 1편

정 성 채

봄은 봄대로
다소곳이 수줍은 처녀
여름은 한낮 정열을 머금고
밤마다 별들과 짝짓는 요부

가을 소슬한 바람에
은빛 머리 풀어헤치고
님을 여의는 처연悽然한 청상의 나부裸婦
비록 휘어질망정 꺾이지 않는 절개의 여인이여.

낮달

앙상한
나뭇가지 사이로
떠오른 하얀 낮달

검은 머리 곱게 빗어 넘겨
쪽을 찌고
하얀 옥양목 소복을 입은 청상

기나긴 겨울밤
다듬이 소리에
문풍지 넘어온 임

그리워 그리워
피울음 토하고 지친
창백한 여인의 넋.

꽃 · 3 외 1편
— 인동꽃

정 수 영

고을마다 절규하는
기미독립 만세 함성에
놀라 울음 터뜨리며 태어난
우리 아버지
얼키설키 뒤엉킨 덩굴
무성히 뻗어 나가는
하얀 인동꽃 닮아
빼앗긴 나라
살 에는 겨울을 탓하지 않고
한계 상황을 도전하며
군병처럼 살아오셨네
꽃말 "헌신적인 사랑"처럼
일제 지독한 강점기
민족과 나라 위해
은근과 끈기로
꿋꿋하게 버티어 왔던
필부 우리 아버지
인동꽃처럼 살다
하늘 정원 올라가셨네.

꽃 · 4
—들꽃

들과 산에
무성하게 자라며
흐드러지게 꽃 피우는
이름 모를 들꽃들
누군가의 발길에 밟혀도
금시 제 얼굴로 돌아오는
이름 모를 들꽃들
수많은 들꽃들이기에
꽃말도 수없네
아기 보듬어 안고
자장가 흥얼거리다
먼저 잠들던
들꽃 같은 어머니
이름 모를 꽃이어도 좋으니
수만년 오래오래 피소서
하늘 정원에서도
영원을 누리소서.

눈부신 빛 속에서 외 1편

정 순 영

내가 숲 속의 한 그루 나무가 되어

생각은 뿌리가 되고
뿌리가 깊을수록 싱그러운 인격으로 가지를 거느리는
한 그루 나무가 되어

오늘 하루도 스스로 짓는 소욕의 죄를
하늘의 파란 바람으로 씻는
성령으로
생각하고 말하고 행동하는 가지를 거느리는
한 그루 나무가 되어

눈부신 빛 속에서
숲 속의 한 그루 해맑은 나무가 되어

말씀의 울림으로
세상 끝까지 성령의 씨를 뿌리는 나무가 되어.

사랑하기

늘 기도하지만 이루어지지 않는 것이 있다
애절하게 소망하지만 아쉬움과 눈물을 남기는 것이 있다

눈부신 햇살에 흠씬 젖은 투명한 몸으로
나를 용서하고
세상의 허물을 덮어 주는
사랑하기

사랑하기는
그 빛의 갑옷을 입는 것이다.

탄생의 기쁨 외 1편

정 영 의

아빠 엄마 입맞춤에 사랑 싹트고
우리 엄마 옥토밭에 심었답니다
배꼽으로 영양제를 공급을 하니
어린 새싹 아름답게 잘도 자라네

아기 새싹 잘 자라나 궁금하더니
손짓 발짓 잘 자란다 응답을 하네
아기 모습 꿈속으로 보여 주는데
당신 모습 나의 모습 반반이래요

우리 아가 탄생일만 기다렸더니
탄생 음악 부르면서 탄생하네요.

아가의 꽃방구

퍼~엉 퓨~샤!
이게 무슨 향내냐?
우리 아가 꽃방구 소리

언니 오빠
아가 바라보더니
엄마! 부르고
코 잡고 달리기

엄마 달려오셔서
아기 안고 쓰다듬고 씻기니
아기 엉덩이 복숭아꽃 피네

귀여운 아가
엄마 보고 생긋 웃더니
사각사각 잠도 잘 자네.

효심 외 1편

정 정 순

티끌만한 싹에서
작은 사랑
시작되던 어느 봄

한 뿌리 한 뿌리
뿌리내리도록
매만져 준 정성
몇 시간 고작인데

태양 아래 쑥~쑥~
알 수 없는
너의 숨소리와
건강 찾은 기쁨

자랑스러운 자식만큼
열배 기쁨 주는
자연의 신비로움
녹색 잎 너는 상추.

꾸미는 것은 사치가 아니다

꾸미지
않을 때보다
꾸미면
더 예뻐 보이는 사람들

세상 무게 견디며
영원한 전쟁이라고 하는
힘든 삶이라도
외모에서 풍기는 느낌
중요한 만큼 다듬어야 한다

젊은 날은 꾸미지 않아도
미남미녀가 아니라도
개성만 있으면 아름다운데

나이만큼 한
체형에 변화가 오기 전
젊어서 가꾸고 꾸미고
무엇이든 해 보는 게 좋다.

2018 평창 외 1편

정│종│규│

통일이여
평화여
오라
잰걸음으로
맨발로 달려오라
오 통일이여
평화여
가슴으로 가슴으로
뜨겁게 오라
이념을 던져 버리고
서툰 언어마저 지우고
오라
어서 달려오라
통일이여
평화여
하나의 몸짓으로
남과 북 철책를 거두고
평화의 새처럼
가쁜 숨 몰아쉬며
오라
눈물의 땅에 희망의 씨앗을 뿌리듯
그냥 빈손으로
오라
오라.

뼈로 눕다

구들에 누우면
도회를 서성이던 사지四肢에 바람 드는 소리
몸 떠난 뼈들이 제자리를 찾아드는 시간이 온 것이다
빙하 크레바스나 심해 바다를 떠돌던 고래 뼈가
파도에 떠밀려와 자신의 뼈로 눕는 것이다
육친이 비로소 내 몸 안에 깃드는 시간
해체된 뼈들이 나를 기억하는 밤이 온 것이다
환영처럼 떠돌던 암막의 시간들이
이처럼 간절한 육신의 기도를
뼛속까지 사무친다는 말을
방언처럼 어둠 속에 쏟아내는 것이다.

오월의 눈물 외 1편

정주이

문풍지 깃 세우던
세월의 굽잇길
돌확에 고인 빗물처럼
멎어 버린 시간 묻는다

추억 모서리에 앉은 상흔
미세한 바람의 언어로
실뿌리 더듬듯

끈적한 비밀 안고
삭정이로 버텨 온 영혼
오열로 포효하며

잠든 넋 깨우는
고독의 늪 건넨다

불면의 밤 회오리 일면
멍에로 얼룩진 엇박자
엎드려 신음하고

비녀 끝 깊숙이 저미는 침묵
만삭의 진통 앓으며
야윈 생을 푸르게 다독인다

석양의 탄식 너울칠 땐
자맥질하던 구애 소리
처절히 토해내며

옭아맨 억겁이
신열의 아픔 빗장 틀고 있다.

시의 숨소리

응얼진 가슴 어정거리다
손끝에 체온을 누인다

설익은 햇살은
침묵을 애써 억누르고

바람이 일면
길고 긴 그리움 하나 찾아와

안으로 여민 눈물
갈피갈피 적시며

깊숙이 뿌리 내린 시심은
하루를 이고

새겨진 고백을 끼적이다
풀잎 끝에 매달린다

뜻 모를
방언으로 잦아들면

섬섬옥수 여린 선율이
천심 열어 길 나선다

반쯤 찢겨진 그늘이 섞이고
야윈 얼을 빚듯

찰나의 심장에
눈금을 그린다.

굴비 외 1편

정 진 덕

어쩌다
두름으로 줄줄이 엮여 하나같이
하늘 응시하는
저 눈들
한 점 흐트러짐 없다
무슨 할 말 그리 많았기에
입 딱 벌린 채

고래등 같은 바다가 얼마나 그리우면
푸른 하늘
뚫어져라 바라보는가

바람과 햇살에 몸이 야위어 가도
지울 수 없는
꿈속에도 들려오는 쪽빛 파도 소리
그의 몸에선 여전히
비릿한
바다 냄새가 난다.

쑥부쟁이 꽃

보랏빛 그리움
깊은 눈동자 속에 숨어 있는 그대는
수줍은 여인
산기슭에 외로이 피어 누구를 기다리나요

심심산곡, 지금은 멋진 둘레길에 싸인
관광 명소로 급부상했어도
여전히 겸손함 잃지 않은 채 한결같이
자신을 지켜내는 산나비 같은 미소

구름에게 소원을 말했나요
빨간 고추잠자리가 좋은 소식 둘러메고
저 멀리 호수 건너 지금 막
날아오고 있어요.

치사한 비
―재앙은 약한 자를 표적하는가

정 | 하 | 경

하루를 마무리하고 현관문을 나서자니
쌀쌀한 세모歲暮 거리 이렇다 할 의미 없이
단단히 정신 나간 비가 지척이고 있었다

얼마를 망설여도 멎을 눈치 아니기로
오백 원 외쳐대는 우산 장수 지나치며
손수건 머리에 얹고 혼잡 속에 휩쓸렸다

의당 나를 겨눠 내리꽂히는 찬 빗방울
섬찍한 송곳 끝을 흰머리칼로 다스리고
헛기침 두엇 날리며 태연스레 갈밖에

헌데 그 비치고는 치사하게도 야무진 비
비닐우산 그거나마 안 가진 이만 골라
정확히 적셔 주고 있는 고약한 비를 봤나.

청령포에서 · 1 외 1편

정홍성

아무리 제왕의 자리가 탐이 나기로
천륜이 정한 자리
용상龍床의 주인인 나이 어린 조카
밀어내어 억지로 그 자리를 빼앗고
빼앗고도 모자라서
강원도 영월 땅 첩첩산중 청령포에 유배시켜
살았어도 산목숨이 아닌 삶을
그나마 죽여 없애니
골육骨肉이 골육骨肉을 죽임은
골육이 골육을 범한
패륜悖倫과 다를 바 없고

천하를 손에 넣은 제왕의 자리에서
무른 땅에 말뚝 박듯
섬섬 약질 어린 임금
제 자식과 다를 바가 없는데
그리도 잔인하게 생목숨 끊었으니
일월日月 같은 제왕의 당당함과 대의大義를
그 어디에 가서 찾을까.

청령포에서 · 10

청령포를 돌고 돌아
어린 단종의 맘 헤아리니
시인의 마음으로도
슬픔을 다 적을 수가 없어서
뒤돌아보며 뒤돌아보며
무거운 발길을 돌릴 때
슬픔의 눈물
푸른 강물을 보태네

소나무 나무 나무
가지가지 바늘 같은 잎잎
모두 다 붓을 삼고
푸른 강물을 모두 먹을 삼아
하늘의 푸른 종이를 펼쳐
쓰고 또 쓰고 쓰고 또 쓰고
만세를 써도 써도
소나무 잎잎 푸르름은
만세를 돌아 붓이 되리니

하늘의 종이가 모자라고
푸른 강물 모다 고갈된다 해도
눈물로 먹을 갈아
슬픈 왕을 위해
슬픈 시를 써야 하리.

미세먼지 외 1편

조경순

어디서 온 것일까
생면부지 낯선 손님

양주의 허락 없이 왔다 하면 사나흘

앞뒤뜰
몰려다니는
눈치 없는 개망나니

담을 높이 쌓으면
자물통을 채우면

올 손님이 아니 올까 갈 손님이 서두를까

지리산
박달나무로
높이 들어 패고 싶다

어디서 왔느냐고
꼬치꼬치 묻지도 말고

무조건 달려들어 허리 꺾어 동댕이치면

다시는
못 올 집이라
줄행랑을 치겠지.

마디 훈장

바람이 휘라 하면
눕는 시늉도 했고

앞뒷길 막아서는
눈[雪] 앞에선 침묵했다

가혹한
섭리 앞에서
남은 것은 마디뿐

송진 같은 진물로
상처를 봉합하며

한 고비 한 고비를
굳은살로 박은 옹이

마디가
나를 키웠다
마디가 훈장이다.

기도 손 외 1편

조 덕 혜

그 무엇도
감히, 어찌 비하리
오직
전능하신 높고 높은 그분께
온전히
가슴에서 무릎으로
간절함이 이슬방울 되어
에벤에셀, 그분의
옷자락 한 올이라도 적시길
꿈에라도 소망하는
신실한 자의 경건한 애원.

목숨걸 일

하나뿐인 목숨
곱이곱이 살면서
목숨걸 일 더러 있었다

하얗게 세월 흘러
뒤돌아보니 참 부끄러운 건
내게 목숨걸 일이
다른 이에겐 티끌이었고
내게 티끌인 것이
다른 이에겐 목숨걸 일인

아, 하나뿐인 목숨
꼭, 목숨걸 일 있다면
주님의 옷자락 잡고 따라갈 일이다.

시인詩人 외 1편

조 병 서

1. 시인詩人 불로不老

시인은 늙지 않는다
시인은 시집 속에
늘 젊게 살아 있다.

2. 시인詩人 불멸不滅

시인은 죽지 않는다
천년 만년이 가도 작품 속에
언제나 살아 움직인다.

지나침

지나침에 대하여
어느 선이 적정선인지
어느 선이 한계선인지
적정선의 기준은 있는가
지나치다는 것은
어떤 의미일까
사람들이 좋아한다는 것은
지나치거나 모자람도 없는
그런 상태가 아닐까

우리는
지나치거나
모자람도 없는 세상
그런 세상을 살아가야 한다
처자식을 사랑하는 만큼
부모님을 섬긴다면
효도가
지극하다 할까
지나치다 할 건가.

산책 외 1편

조재화

솔향
그윽한
오솔길

수다쟁이
멧새들
흥겹고

계곡 흐르는 물
내 님 발자국 소리
반갑네.

가는 길

오는 줄 모르게 와서
가는 줄 모르게 가게 되었으니
다음 세상은 어디일까?

부모님 은혜로 배웠으나
값을 못해
부끄럽기 그지없고

사노라 진탕 맨땅 헤매였으나
족적은 희미하여 아득하고
가슴에 맺힌 한은 허허롭네

한스런 이 세상 더 바랄 것 없으나
조용히 갈 때는 남에게 피해 없이
고요히 가기를.

추석 외 1편

조 정 일

그립기는 하지만
보고 싶기는 하지만
가고 싶은 건 아니다

송편이 커져 갈수록 어깨 처진 갈등은
두견이 울음소리로 밤을 새운다
줄을 걸어 가라앉히고 싶지만
점점 멀어져 간다

끌려가며 따라오라 소리 지르고
허우적거리는 손짓은
고향 집 감나무에 걸려 운다

수수밭에 숨은 추억들이
어기적어기적 기어나오면
마당에 핀 멍석 위로
윷짝 날고 윷말들이 껑쭝껑쭝 뛴다

붉은빛이
수평선 끝으로 게슴츠레해지고
포근한 듯 야릇한 빛은
은방울 울려 가슴 적신다

강강술래로 들판 휘감아
버선발 끝에 꽃사슴 뛰어들면
하늘은 껑충껑충 흔들어 돌고
들판도 돌고
사장나무도 돌고
숫사내 마음도 슬렁슬렁 돈다

밤의 바늘 끝이
새벽을 간질이고
어머니의 정화수에 아들은 무심하다

까마귀 검은색 윤기 나게 울던 그날
푸른 보리밭 한켠 향불 피워 하늘에 올리고
사무쳐 오는 회한 한 덩이 마음에 묻는다

이제 다 떠나고 홀로 묘지기 하는 형수는
차례상 차려놓고 윤슬에 희뜩이는 바다 보며
떠나지 못한 두견이 울음소리 듣고 있다

졸리우는 달과
새벽 기차 소리는 울 너머 창문을 두드리고
서성거리는 발소리는 눈물로 범벅이 된다.

처서

비릿한 내음
귀뚜라미 울음소리가 핥고 지나가면
마른 향기가 살갗 스친다

끝물로 핀 수박잎은
자라길 멈추고 뒤를 돌아본다

걷어찼던 이불
살며시 끌어당긴 새벽 오면
장롱에 접어둔 사연 꺼내
반쯤 기울어진 달빛에 구워 낸다

이슬 내린 창 너머
흐린 기억들 입김으로 더듬으며
차분히 책갈피에 끼워 넣어 갈무리한다

빈 솔방울 바람에 뒹굴면
왠지 이별을 미리 알려오는
서운함이 애써 아직은 아니라고 말하지만
발끝은 문지방 바라보고 있다

이제 다했음 고백하고
끝이 누런 세월에게
하늘 한 조각 찻잔에 띄워 보낸다.

나의 시詩 외 1편

조혜식

오늘 어렵게 피어난
한 편의 고운 시는
내 삶의 맑은 거울이고
이 시대의 아픔이고
속마음을 은은히 채색한
미완성의 수채화 같다

산고의 아픔보다
더욱 심한 진통 끝에 얻은
꿈이 담긴 나의 시는
하얀 들꽃같이 맑아
어디서나 감상할 수 있고
언제나 즐겨 부를 노래이다

나의 시는 실제의 존재를
상상의 나래 펴고
세대의 아롱진 역사를
영원한 기록으로 남기고파
덜 익은 열매라 할지라도
감사히 거두어들이는 정성이다.

우리가 사노라면

우리가 사노라면
때론 슬퍼할 일 많고
잊어야 할 것도 많으리라
암흑의 긴긴 밤을
괴로워 뒤척일 경우도 있으리

우리가 사노라면
더러는 미운 사람도 있게 마련
이해와 관용만이 약이 되니
뼈마디 쑤시는 고통이 있어도
내 마음 다스리며
인고로 견뎌야 하리

우리가 사노라면
무심히 지나는 바람 앞에
때론 빈 벌판에 선 마음으로
뜻 없이 세월을 보내는
허수아비도 되어야 하리.

예술의 거리에서 외 1편

조 홍 규

대인동 예술의 거리에 가면
항아리가 거꾸로
눕혀져
있다

큰 항아리하고
작은 항아리가
이마는 땅에 대고
가랑이 사이로
종일토록
세상을 보고 있다

큰 항아리가
작은 항아리에게
자세를 가르쳐 주면
작은 항아리
따라하고

사는 이야기는
이마를 땅에 대고
가랑이 사이로 보는 것이라고

말을 하고 있다.

악수握手

아는 사람이구나 할 때
손을 잡고
흔든다

아는 사람이고자 할 때

손을 잡은들
마음이 없으면,

힘 주어 흔들지 않아도
마음이 있으면

소용이 없는

마주하는 눈보다
알아야 하는
이유에 힘이 가는

손은
낯을 가리지 않는다.

수평선의 아침 외 1편

진진욱

수평선에 걸려 넘어오지 못하고
아등바등대는 저 누굴까

수평선 아래로
땅굴을 파고 넘어오면 될 걸

수평선을 차고 오르는
태양에게 부탁하면 될 걸

바보 같은 걸 보니
숙이 아니면 애경, 아니면 초양!

갈매기들은 다들 어디로 숨었는지
신통부적이라도 보내보련만

아침 바다에 불붙었다
숙아! 애경아! 초양아! 어서 피하렴.

가을의 시인

가을은 멀리서 오는 것이 아닌
바로 내게서 번져나는 것이다

그리움이 그렇고
울적함이 그렇고
외로움이 그렇고

이만하면 가을은 내게 있다고
믿기지 않는가

뱃고동 소리가 그렇고
열차 소리가 그렇고
홀어머니 전화 목소리가 그렇고

낙엽을 함부로 밟지 마라
내 심장을 누르는 것과 같으니.

아리랑 · 1 외 1편

차경섭

1
찬란한 새천년도 소리 없이 밝았건만
강산은 변하여도 인간 탐욕 예와 같고
한여름 해수욕장엔 끼 많은 벌거숭이어라

2
평화의 종소리는 어느 때나 울리런지
이 한밤 지새우는 경전 소리 목탁 소리
햇살이 쏟아진 들녘엔 초목 향기 진동하여라

3
사기꾼 수전노가 군웅할거 하는 세상
생명을 앗아가는 고속도는 거미줄 같고
크네기 치렁치렁한 댕기머리 간 곳 없어라

4
서글픈 푸념 소리 토해내는 만초련만
뒷골목 저자에는 탕남꽃뱀 어울었고
둥둥 뜬 다도해 따라 삶을 줍는 어적부여

5
세상을 달려가는 삶의 소리 처절해도
구겨진 마음들이 천사인 양 미소 띠니
지금도 여인 질투는 시샘이요 시기더라.

아리랑·2

1
서귀포 칠십리에 옛 낭만은 간 곳 없고
병풍친 주상절리 풍광 좋아 인적 끄니
재미난 이름이 많은 제주도는 살판났고

2
고단한 삶의 소리 처처마다 땅 꺼진데
인간사 오만무도 후안무치 분명 있고
이제는 가슴 꼭꼭 여민 여인 순정 간 곳 없어라

3
황금을 주체 못한 가진 자도 많은 세상
지금도 세상에는 끼니 걱정한 자 있고
이마에 그린 내 천 자는 훈장인지 모를레라

4
젊음을 잃어버린 황혼 인생 쓸쓸건만
냉랭한 삭풍 불어 그리움은 더하여라
보부상 없는 장터엔 장돌뱅이 간 곳 없고

5
시, 시조 단수 한 편 간결하게 창작 못한
짜가가 감투 쓰는 문단인지 알 수 없고
만삭된 가을 들녘엔 백과향기 그윽하여라.

얄궂은 탑 외 1편

차 영 규

만나면 아쉬움이 못 보면 더 그립기
보고파 커진 마음 단단한 돌이 되니
그리움 쌓여 뭉치면 크디큰 탑 되려나.

등대 빛

기쁜 이 안아 주고 슬픈 이 도닥이며
바닷가 우뚝 솟아 갈 길을 알려 주니
가슴속 만개했구나 그 품일랑 넓을세

희미한 빛줄기가 멀리서 다가오며
마음도 가져가고 육신도 사로잡네
영혼과 사랑도 있나 그 속내랑 깊을세

나간 이 기다리고 들올 이 기대하니
고운 빛 천리 가고 맑은 빛 만리 가네
작지만 빛 가운데 빛 그 빛일랑 더 클세.

지폐 외 1편

채│규│판│

꽃밭을 다듬는 눈빛은
번뇌와 갈망과 질투와 시기와
그리고 반듯한 외향에 있다

채색을 넣어 눈이 어둔
갈망의 도시에서
손을 떨며 배회한다

풍경을 지나칠 때마다
도로 꽃밭에 기어드는
숨결의 무덤

눈빛이 포획해 논 벽걸이에
박혀
수인이 된다

환상과 의식과 질서의 갈채를 받으며
나의 병상은
나선의 녹슨 아픔을 깨문다.

생활 주변

주변에는
노상 한 그루의 꽃나무가 있어서
나의 집은 우아하다

아침을 맞아 새롭게 몸 닦는
애정의 전신

가령 속살을 맞부비고 누워
생활에 취하는
쓸쓸한 희극

파랗게만 된 뜨락을 밟는
꽃빛 풀어 펴는 바람
그 바람에 젖어

꽃의 동편에 서서
나의 애정의 집은
가끔 우아하다.

춘경春景 외 1편

채 명 호

단비로 곱게 씻은
화사한 봄길 위에

진달래
아름 안고
아기 걸음 굴러가고

유모차
앉은 아가의
가슴 녹는 웃음아.

단감나무

앞집의 단감나무
가을볕에 익어 간다

감과 잎
사이좋게
욕심 없는 평화여라

고운 감
단물 들라고
비켜 주는 잎도 있다.

엄마의 손 외 1편

채선엽

엄마의 젖가슴 차지하며
행복했던 어린 시절

오늘은 젖가슴 대신
엄마 손 꼭 잡고
나란히 누웠다

힘든 삶 사시느라
감당하기 어려웠던
고통, 눈물, 한숨

허겁지겁 들로 나가
호미 자루, 괭이 자루 잡으시느라
혹사시켰던 손

울퉁불퉁 거북 등처럼
거칠고 딱딱한 굳은살 손
엄마 손 꼭 잡고
밤새도록 끄억끄억 눈물 삼킨다.

안개꽃

하얀 꼬마 아가씨
하얀 설렘 안고 피어납니다

방울방울 간절한 소망
부풀어 오르는 가슴

어제도 오늘도
고개 높이 쳐들고
얼굴 쭉 내밀며
사뿐히 피어오릅니다

닿을 듯 말 듯
애타며 지쳐도
미련 가득 발돋움입니다

보일 듯 보일 듯
좀처럼 보이지 않는
하얀 안개 속 거울 같은
안개꽃 그리움입니다.

허공 외 1편

채 수 황

텅 빈 하늘 아래
아지랑이 아른거리고
스쳐가는 바람결이
산울림으로 메아리친다

잡을 수 없는 세월
사라지는 순간들
이 세상 모든 것이
허공으로 사라지고

남아 있는 날들이
너무도 소중하여
값지게 살고픈데
물소리처럼 마음만 바쁘다

각박한 세월의 치차 속에
물려서 돌아가는 내 육신도
끝내는 떠도는 안개처럼
허공으로 떠나려는지.

황혼의 바다

황혼의 노을 속에
갈매기 몇 마리가
어두움을 펴고 지나간다

수평선 너머로
태양이 숨어 가고
붉은 장막 내리며
바다는 부산하기만 하다

노을은 바다를 물들이고
내 마음도 물들이어
황홀함이 넘치는데

바닷속에서는
수많은 어족들이
잠자리를 마련하기 위하여
분주하겠지.

스무 살의 겨울 외 1편

최경순

골목길
작은 문구점,

황혼이 물든
저녁노을과 함께,
찬 겨울 냄새가
배어 있는 곳,
새해 연도가 적힌

대학 노트와
연말 카드를
가슴에 안고,
손에 닿을 듯

낮게 흐르는
밤하늘의 달과
별을 따라 걸었다
또 얼마나
허다한 글을

눈물로 쓰다 찢다 할까,
도도한 강물처럼
희망 찬 때

스무 살은,

연인을
삼 년이나,
기다리기엔
너무 길었다
먼 훗날

찬 겨울
바람 속에서

되돌아보는
스무 살
얼마나
아름답고

빛나는 시절이었는지.

북아현동의 사랑

그해 겨울
뼛속까지 시리던 바람은
어둡고 깊은 밤을 맴돌고
사랑과 이별의 반복은
청춘靑春이니 가능했다
낡고 오래된
북아현동 꼭대기
눈 속에 어리는 흰 물결이
막차 시간 앞에 글썽였다
가난한 사랑
더는 견딜 수 없어
리비아로 가는 이 붙잡지 못했다
황혼黃昏이 질 때면,
달빛 훤한 밤이면,
골목으로 사라지던 뒷모습을,
수없이 그리워했었다
지금은 이름마저 희미하지만,

외로운 그대는 외 1편

최 광 호

80년대 안개 낀 어두운 밤
폭풍의 상흔

자유의 씨앗
가슴 깊은 곳에
파종한 이후
묻던 숱한 말, 민주주의가 무엇인가
떠나간 그대 돌아올 때까지
이 가슴 깎아내는 파도 소리에
그대 그리워 아파한다

만장도 없이 떠나간 그대
외롭게 떠나가는
그대의 눈물로
동토가 해동되고
새싹을 돋게 하는
봄비가 되리라
나목에 잎과 꽃을 피게 하는
꽃샘바람이 되리라

팔월 추석밤
한 평 반 차가운 마룻바닥에 앉아
그대를 사랑하는 마음

그리워하는 가슴은 출렁이고
망부석으로 그대를 애타게 기다리리.

두물머리 강

두물머리 강물이 흐르듯이
우리 사랑도 흐르리라

두물머리 강물이 흐르듯이
우리의 열망은 흐르리라
그리운 메아리는 모닥불 피우고
녹슨 가시철망을 녹여
우리 삶의 둥지 따로 틀지 않는
그런 세상에 살고 싶다

우리 서로 잔이 넘치게
그리움을, 그리움을 붓자

두물머리 강물이 흐르듯이
우리 언약言約
꽃망울처럼 피어나리라

두물머리 강물이 흐르듯이
우리 그리움의 꽃잎은 흘러 흘러 가리라
지울 수 없는 그리움으로 흐르리라.

복 있는 자 외 1편

최 | 병 | 극

삶의 시 — 삶이 가득한 시를 쓰고 싶다
사랑, 열정, 순결, 거룩이 묻어 있는 시,
시로 가득한 가슴을 지닌 채로 살고 싶다
영감에 시가 넘치고, 거룩한 분노에도 시가 끓고,
사랑이 가득한 가슴으로 사명자의 걸음을 걷고 싶다
삶이 시로, 신앙이 시로, 기도가 시로, 노래가 시로,
더더욱 어렵고 까다로운 것도 시로 쓰고 싶다
하나님께서 지혜를 새로이 주시기만 하신다면….

몇 개나 되는 고향

내가 태어나 자란 곳
아들딸이 태어나 자란 곳
손자손녀 태어나 자란 곳

조상의 산소가 여러 곳
집도 논밭도 없는 곳
찾아가도 반길 이 없는 곳

떠도는 구름이 고향 없듯이
바람이 불면 방향 잡히듯
친구 많은 곳이 고향 같아

그리움이 있어야겠는데도
찾을 이유 모아 보아서도
바쁜 핑계로 고향은 멀리만 있다.

빌 곳조차 잃을라 외 1편

최병륜

들림이 없어도
사계는 돌아
만 가지 생명들 번성함은
하늘의 뜻이거늘

외딴섬 풀섶에 꼬리를 감춘
간교한 탐심으로
위대한 하늘을
두루 말 수 있겠느냐

칼을 드는 자 그 칼에 베이는 법
등 뒤에 숨겨도
중천에 백일이 밝거늘
머리 숙여 허물을 빌라

천 번의 칼바람 맨살로 막던
희생은 용서였느니
졸개의 칼끝이 하늘에 닿더냐
회개하라 빌 곳조차 잃을라.

※일본의 만행에 던지는 시인의 충고

우리는 하나다

장마를 물린
팔월
청량한 바람 선듯 불어
잔운 걷히고

뜰 앞에 무성한
한 그루 무궁화
드높은 하늘 따라 눈이 부시게
활짝 피었네

저— 찬란한 햇빛 지나
구천을 물들일
무궁화 향기에
비상의 날개 펴는 형제들이여

어찌 너고 어찌 나랴
형상은 달라도 핏빛은 붉어
모두가 나
우리는 하나다.

※제74회 광복절에 바치는 시인의 변

바다의 희롱 외 1편

최 상 고

너를 만나고 온 밤
졸음은 있었다만 잠들지 못했지
천기天機를 해독할 수가 없으니
해기海機도 해독할 수가 없었다네
답답하여라, 말을 좀 해다오
아 바다야 어쩌란 말인가
하나님은 대우주를 잘 순항시키고 있는데
세상은 저들 마음대로 전쟁하고
테러하고 핵실험하고 지랄들 하고 있제
미안하구나 면목이 없네
세상은 바다보다 깨끗하지 못해도
그러나 아직까지는 아름답고
사람도 사람다운 사람이 많다네
고마운 바다야 부디 노여움을 푸시게나
그리고 용왕님의 아버지 하나님에게도
감사함을 노래하는 사람이 더 많다고
평화의 말을 잘 전해 주시게!

바다의 유희

바다는 나를 오라고 해놓고
하얗게 물보라 치며 춤추고 있네
저것이 환영의 몸짓인지
기다림의 몸짓인지 알 수가 없네
그러나 바다는 나를 유혹하듯이
물거품을 연신 토해내고
무엇이라고 쓰고 또 지우는 것인가
나를 매혹시키기 위한 애교의 유희인가
아무리 반문해 봐도 대답이 없네
바다야 어쩌란 말인가
바다야 어쩌란 말인가
그러나 바다는 대답 대신
하얀 물거품만 연신 날리우고
절규하듯이 파도 소리만 내고 있네
저것이 바다의 몸부림인가
아니야 바다의 눈물일 거야
아 저 소리를 못 알아듣는 내가 바보인가.

목련 외 1편

최 영 순

4월 청하늘 유리성에
너는 순결한 영혼으로 불 밝혔구나
4월 굽이치던 강언덕에
너는 평화의 기도로 불 밝혔구나

지난겨울 눈바람 속
살을 에는 나목 홀로 떨며
우리 몰래 지순한 물
부지런한 껍질 속으로 날랐구나

얼어붙은 지심 속
더운 가슴 부벼대며
화사한 꽃봉오리
쉼없이 뿌리로부터 날랐구나
눈물겹게 가지 끝으로 날랐구나

무시로 어두웠던 애중의 강나루
한시절 여울처럼 흘려보내고
우리 모두 마음의 옷 기쁘게 입혀
천국으로 불 밝혀 세웠구나.

한 잎 낙엽으로

천변 공원 낡은 벤치에
한 잎 낙엽으로 걸터앉아
숨막히듯 눈부신 것 피었다 지고
마른 꽃 어두운 바람으로 뒹굴제

철쭉꽃 그늘 아래 참새 대여섯 마리
풀씨 쪼다 말고 퍼덕이는 나래
갑자기 영생의 부리로 허궁을 비빌 때
하늘은 녹청색 바람으로 일고
잎새는 동박기름을 바르고 있었다

오랜 하품으로 이어진 낡은 의자가
꽃잎 죄다 강물로 실어 나르고
무신의 늪에서 뼈를 세웠던
대쪽 같은 서슬도 실어 나르고

천변 가득 산 것들의 요염과
환희의 나래짓을 보면서

어쩌다 생로병사의 지푸라기 하나
긴 하품의 끝을 재어 보다가
눈부시게 지는 꽃으로 지다가
어느 날 환청으로 누가
고향 가듯 피안으로 떠나라 한다.

페북 친구

최 완 욱

나는 그들을 사랑한다
그들이 나를 사랑하는지는 알 수 없다

그러나 나는 안다
그들이 대한민국을 사랑한다는 것을

대한민국을 사랑하는 그들 중 더러는
조국의 나라는 배척한다

나는 조국을 사랑하는지
수없이 묻는다
하여
이념의 너와 대척해야 한다

나의 나라 사랑법을 셈해야 한다
너의 조국 사랑도….

원주천에서 외 1편

최유진

봄빛이 고운 날
마네의 화폭같이 화사한 마음으로
강둑에 앉아 본다

흐르는 물소리
바람 소리
나뭇가지 사이에 걸린 오월 하늘은
작은 기폭처럼 나부끼고

가슴 먹먹하도록
그리운 추억
윤슬로 아롱지는데
아, 나는 작은 풀잎이고 싶다
이슬 함빡 젖은 풀잎
파르르 떨리는
푸른 가슴이고 싶다.

그리움

토담 길 지나 묵정밭으로 이어지는 길
햇살이 아지랑이를 일으켜 세운다
잠자던 그리움도 눈을 떠서
망초 앞으로 가만가만 피어나는데
산자락을 돌아가면
사립문 늘 열어 놓으시며
나를 기다리던 이모님
생전에 보여 주시던 당신 화폭畵幅의
수묵담채화水墨淡彩畵처럼
원추리 잎이 돋아나오고
꽃다지 노란 꽃이 방그레 웃는다
바람결에 들리는 듯 나직한 음성
아, 그리움에 울컥
목이 메인다.

다원동茶院洞에서 외 1편

최 정 수

한로寒露 지난
다원동 기슭에
차나무와 차나무가 얼굴을 맞대고
안으로 시린 살갗을 어루만지며
가벼운 몸짓을 하고 있다

곡우가 다가오면
기나긴 동한冬寒의 살을 벗고
물오르는 가슴속
푸른 숨결로
봄을 여밀 것이다

언젠가
명아茗芽의 초롱한 눈빛 되어
나의 품으로 안겨와
마음 가득히
다정茶精으로 차오를 것이다.

차인실습 茶人實習

푸른 차 숲이 자꾸만 침묵으로 깊어 가듯
이제 조금씩 익숙해지는 일상 속에서
맑은 하늘 촉촉한 생명수로 만나자

차는 품성을 가꾸는 것인가
다로茶爐에 문무화文武火를 지펴 놓고
내면에 긴 도랑을 찻물로 적셔 보자

차 냄새 물씬 풍기는 체온으로
옛 다걸茶傑의 깊은 다혼茶魂
해맑은 웃음소리를 느껴 보자

고요
창을 열어 놓고
대지의 숨결을 찻잔 가득히 담아내자
끽 다 청 유喫 茶 淸 遊.

야생화 외 1편

博川 최 정 순

멀고 깊은 산길
명지바람 흔들리는 잡목 사이
너 고개 숙여 수줍은 미소 짓는데

잠깐 고개 숙여
이름 없는 너를 보며
제자리 종종 돌다
황망히 네 자리 떠나며
등 돌려 뒤돌아보니

아주 오래전
알았던 사람이던가 싶어
가던 걸음 멈추고
쉬이 못 가네.

그리움 · 2

문득 먼 아득한 하늘 쳐다보니
당신은 회색빛으로 거기 누워 있네
그날,
고개 떨구고 이별의 모습으로
묻어 두어야 할 사연 감추며
가슴으로만 감싸 안던 수많은 이야기들
내 가슴에 들어와 괴롭히던 속앓이
동그랗게, 동그랗게 무심히 그려 놓고
당신은,
그리움이라는 올가미 하나
튼실하게 걸어 두고 저 멀리 떠났네.

멋대로 뻗는 것이 자유냐 외 1편

최｜진｜만

일제 강점기 억압된 민족 역사
얼마나 자유를 갈망했으랴!
하지만 흔한 자유 가치가 지금 제멋대로 뻗어 보기 흉하다
팽배한 이기적 통념으로 세상은 온통 구심점을 잃고 사분오열된 듯하다
가위질을 당한 정원수는 고통이 따른 만큼
미적으로 참 아름답다
사람 사는 세상도 마찬가지 제멋대로 뻗은 자유라는 가지를
질서라는 가위로 좀 다듬어야 한다
인간이 하등 동물과 다른 점은 예를 알고 그 가치를 지키기 때문이다
인내와 배려와 사랑은 예로부터 나오고
예법禮法을 배우고 실행하면 혼魂의 덕德도 쌓인다
약육강식의 눈앞의 이익이 덕 그릇만큼 담길 수 있겠지만
먼 후일 덕을 까먹고 사는지도 모른다
삶에 있어 혼의 덕만큼 무서운 무기는 없다 해도 과언이 아니다
오늘날 인간 세상은 하등 동물처럼 살고 있다
어른들부터 예를 알고 배려하면 손해가 아니라
자손만대 이익이 된다는 진리를 깨우칠 수는 없을까
제도적 문화 교육으로 아이들도 잘 다듬어 키우면 얼마나 좋을까.

울화통

하늘도 불평등은 어쩔 수 없다
죽음보다 무서운 것이 물질의 고통이다
일할 수 있어 감사하자
스트레스를 호소하면 예절을 가르쳐라
젊음은 질풍노도와 같다
웃고 있는 사람을 웃길 필요 없겠지
웃을 수 없는 고통 속에 있는 사람을 웃겨야 한다
면역 강화와 웃음 치료의 전도사
황수관 박사가 폐혈증으로 세상으로부터
해방되었다
우리의 죄는 절대성 평가다.

텃밭에서 외 1편

최│형│윤

봄바람 타고 쏟아지는
햇살 아래
초로初老의 부부는 텃밭에
감자를 심는다
남편이 괭이질하며
앞서 나가면
아내는 그 자리에
씨앗을 놓으며 뒤따른다

예년 이맘때는
언제나
밭둑에 기대앉아 일러주시던
어머니
금년은 궂은 날씨가 될 것 같아
얕게 심고 있는
칠순이 다 된 아들과 며느리는
말이 없다

겨울이 지나면
어김없이 봄은 또 오는데
지난 엄동설한에 떠나신 그 님은
볼 수도 만질 수도 없는 그리움 되어
가슴 한켠
차곡차곡 쌓여만 간다.

그리는 마음

기약 없는 기다림 속의
고요한 적막은
시달린 육신을
갈망의 공간으로
내 마음 이끌고

애틋한 마음은 그대를 반기어
오늘의 시련을 나누려 하는데
어디선가
쌍바라지로 새어 나오는
고달픈 사연

동짓달 하얀 대지 위에
눈이 부시도록 쏟아지는 달빛이
온몸을 적시면
산과 산이 비켜나간 긴 계곡에서
그대 영상 그리며
이 한밤을 지새운다.

2020년 외 1편

최│홍│규│

서기 2020년을 맞이했다
또 다른 새로운 10년, 새로운 1000년의 시작이다
1010년은 아득한 과거, 3030년은 아득한 미래
우리는 10진법＋進法에 익숙해서
"10일 붉은 꽃이 없고, 10년 세도 없다
10년이면 강산도 변한다
100세를 살면 천수를 누려 신선이 된다"고 한다
화폐 단위도 1원, 10원부터 50,000원까지 10단위다

영국에서 발행되는 세계적인 경제 전문지
이코노미스트The Economist는 최근에
『2020의 세계The World in 2020』라는 책을 냈다
도널드 트럼프 미국 대통령 재선은 세계의 최대 이슈
세계 경제 성장은 마이너스와 싸워야 한다
영국의 브렉시트Brexit의 순조로운 진행
영어권과 중화권 편가르기 심화에 따른 해법
인공지능AI이 예측하는 새로운 10년
과학 기술과 의료 산업의 진화
악성樂聖 베토벤Beethoven 탄생 250주년 기념
2020 도쿄올림픽 등 세계 문제를 다루고 있다
흥미진진하고 영어도 깔끔하고 놀라운 일들이 가득하다.

보헤미안 랩소디 퀸Bohemian Rhapsody Queen

나는 음악, 영화, 시를 좋아한다
한 달에 한두 번 음악회에 가고
두세 번 개봉 영화관에 가며
광화문 사랑방시낭송회에 열심히 다닌다
2020년 첫 음악회는 '보헤미안 랩소디 퀸'이었다
1월 18일 서울 고척스카이돔에 관객 2만2천여 명
영화 '보헤미안 랩소디'에서 세상을 떠난 주인공
프레드 머큐리(1946~1991)의 영상을 배경으로
기타리스트 브라이언 메이 73세
보컬 애덤 램버트 38세
드러머 로저 테일러 71세
세 음악가와 영상의 머큐리가 펼치는 '퀸'의 환상 무대

머큐리가 이 세상에서 마지막으로 내놓은 앨범
이누엔도Innuendo · 諷刺의 서곡을 부르기 시작한
램버트가 '킬러 퀸Killer Queen'을 부를 땐 요염했고
'바이시클 레이스Bicycle Race'를 부를 땐 관능적 매력을 뽐냈다
메이는 백발을 흩날리며 온통 무대를 휘저었다
신비로운 분위기를 자아내며 존재감을 발휘했다
테일러의 드러밍은 관록과 향수를 불러 일으키며
전성기 시절처럼 일사분란한 박진감이 넘쳤다

메이가 '러브 오브 마이 라이프Love of My Life'를 부를 때

스크린에 머큐리가 나타나자 모두 잠시 조용히 추모했다
'위 윌 록유We Will Rock You'
'위 아 더 챔피언We Are the Champions' 등
2시간 동안 30여 곡의 반쯤은 떼창으로 즐겼다
나는 1992년 런던 웸블리 스타디움에서 열린
머큐리 서거 일주년 추모음악회에 갔었고
2018년 서울에서 개봉한 영화 '보헤미안 랩소디'도 보았다.

내가 만약 외 1편

추 경 희

내가 만약
키 작은 채송화로 피어난다면
조곤조곤 일러주는 흙의 숨소리에
귀기울이겠다

내가 만약
한여름 해바라기로 피어난다면
사방을 살펴주는
구름 속 온도를 기미하겠다

내가 만약
당신의 딸로 다시 태어난다면
철없던 날
생채기를 낸 돌멩이를 모아
당신의 꽃밭을 여며주는
단단한 둘레돌로 살겠다.

아침
―순국선열을 기리며

오늘 아침
일출을 봅니다
나뭇가지로 햇살이 걸리고
나이만큼의 그림자를 만듭니다

가을을 품었던 마당에
하늘 길이만큼 낙엽이 떨어지면
수명을 다한 풀꽃 하나
잠시 숨을 고릅니다

같은 시간으로 주어지는 하루
당신의 아침은
습관적인 것이 아니었습니다

당신은
아침 이슬 속에서
나라의 눈물을 보았고
서걱거리는 갈대 소리에
휘어질 듯 위태로운 현실을 읽었습니다

사방을 둘러봐도
어디 한 점
이유 없는 것이 없습니다

계절의 순리는
거저 주어지는 것이 아님을 알기에
오늘 아침
바람 소리를 내는 낙엽의 숨소리가
마음에서 울립니다.

기생초 꽃 피다 외 1편

추 | 영 | 호

너를 만나면 문득, 바람이고 싶어진다
한줄기 바람이 되어 곁에 머물며
너로 인해 세상의 한구석이 충분히 밝아졌고
향기로워졌다고 속삭이고 싶다

너는 이미 신분을 초월했다
저 들판 언덕배기 어느 곳에 있던지
시가 되고 노래가 되는 자태는
뭇 사내를 일렁이기에 지금도 충분하다

삼복 한낮
너를 위해 태양은 부풀어 오르고
대지는 소낙비를 뿌리는데
너는 누구를 위해 '간절한 기쁨'*을 노래하는가?

주책없는 바람이라도 좋다
꽁꽁 싸맨 검은 비닐봉지 속에서
파랗게 돋아나는 씨감자 눈처럼 이는 바람
이 한 계절
어쩔 수 없이 도는 바람이 되어
하늘하늘 갓 핀 허리를 휘감고
갈색 볼에 입 맞추며 농염한 가슴을 훔치리니

그리하여
너를 만난 내 여름은 창창하리니.

※기생초妓生草 꽃말

석류 익다

꼭꼭 채운 다짐
헤퍼 보이지 않을 만큼
살짝 내비치는 고른 치열

여름 내내 애태운 풋사랑
수줍음 붉어져 주렁주렁

이제야 받아 주시려는가
보일 듯 벌어진 너의 입술.

아버지 사랑 외 1편

표 애 자

청솔가지 군불 지펴
타다 남은 숯덩이 화로에 담아내면
어둠은 까만 코고무신 안에서 잠들고
땀내 나는 버선 툭툭 떨어 빨랫줄에 걸고
아버지의 하루는 대추나무에 걸어 두셨다
무쇠 솥에서 숭늉 한 사발 들여다 놓고
툇마루에 요강단지 올려다 놓으면
저 멀리 마을에도 약속이나 한듯
별들이 내려와 이야기꽃을 피웠지
삽살개 우짖는 소리와 사립문 여닫는 소리에
아버지가 들려주시던 옛날이야기에 귀기울이며
밤 깊은 줄 모르고 구수한 이야기가 무르익으면
아가는 엄마 치마폭에 잠이 들고
달님도 별님 손잡고 떠나 버린다
세월이 흘러도 아버지 사랑은
형광등 불빛 아래 고향의 빛이 되어
고달픈 내 삶의 등불이 되어 길을 밝혀 준다.

홍매화

혹독한 추위를 견디며
양지마다 온기를 훑어 모아
가늘게 뻗은 가지에 요염한 모습으로
피어난 진홍빛 꽃이여

찬 겨울 눈 속에 묻혀
그리움에 사무친 뜨거운 열기를
자신의 몸속에 불어넣은 자태는
혹독한 고난과 시련을 이겨낸 승리

봄이 미처 오기도 전에
진홍빛 타는 화사한 웃음으로
넘치지 않고 단아하면서
은은한 향기를 풍기며 찾아온 너는
설경 속에 홀로 핀 봄의 전령.

태백산 산행 외 1편

하 성 용

천신께 제사를 지내던 명산
살을 에이는 한풍은
천지를 뒤덮고

하얗게 몰아치는 한설에
앙상한 가지는 상고대를 만들어
설경을 펼쳐 놓고

살 끝으로 전해오는 얼얼함에
움츠러드는 육신은
가쁜 숨을 몰아내고

천재단에 올라
올 한해 산행이 무사하기를
하늘님께 빌어 본다.

정월 보름

보름달이 매달리는
정월 대보름

새벽부터 '부럼 깨기'로
단꿈을 깨우고

더위 팔아 액막이하려
귀를 쫑끗 세운다

망월놀이에 푹 빠진 저녁
'쥐불놀이'와 '달집태우기'에
정신을 놓고

풍물패 흥겨운 놀이에
소원 성취 빌었다.

완도항 외 1편

한 빈

짭짤한 푸른 바닷가 열려 트인 선창가
뱃전 말뚝에 선박들은 허리끈 동여매 있다
정박된 배 위에 잔잔하게
바람결 묻혀 가고
갈매기 아름다운 내 모습에 수줍어
멀어지면, 저 섬 때까치 사람 부른다
빈 배처럼 텅 비워 마음은 설워
어디에 내려앉지 못하고 쳇바퀴 돈다
구석구석 웅성웅성 깨어 있는 항구
쩜벙쩜벙 헤엄치듯 우쭐대어 본다.

호박꽃

아침 뒤뜰에 나가면 텃밭 호박꽃
예서 제서 올라오는 보잘것없는
줄기를 여물게 끌어올려
피고 지는 의연함 푸른 잎 사이로
언뜻언뜻 내비친 노오란 속살
삶의 결처럼 무딘 시정詩情에 매혹되다
푸른 잎 위에 청개구리
개—굴—거—리—고
고요히 앉아 쉬고 있는 모습이 베짱이 같구나
아침 이슬 머금고 시든 마음 되살아나고
연약한 줄기에서 하느작거리며
피어나 있는 호박꽃 나비 날으고
벌이 찾아드니 별천지가 여기일세.

꽃 한 송이 외 1편

허 만 길

길가 담 너머 꽃 한 송이
노랗고 붉은 얼굴로
웃어 줍니다

내가 지날 적마다
기다렸다며 웃어 줍니다

외로운 듯 꽃 한 송이
제 외로움 돌보지 않고
나를 웃어 줍니다

고맙다 말을 하면
알아들었다는 듯
웃어 줍니다.

충고

마음이 착하고 아름다운 사람은
사랑의 나래를 쳐
눈부신 하늘로
저절로 오릅니다

마음이 사납고 흉악한 사람은
미움의 무게에 겨워
어둠 진 진흙 더미로
저절로 떨어져 빠집니다.

마음의 여백 외 1편

현 형 수

팽팽한 긴장 속에서도
어쩔 수 없이 시간은 가벼워지고
나를 지탱하는 기氣와 혈血이
이윽고 나를 채근하는 시각
더없이 아름다운 광장에서
그대의 언어가 너풀거리듯이
이 하루의 여백도
지극정성을 섬기는 자들이
아직도 끝나지 않는 화火를
다스리느라 분주하구나

어깨 나란히로 가는 이 하루를
이따금 새소리 바람 소리 곁으로
서로의 애매한 삶의 이야기들 주섬거리며
신열 끝에 오는 명상으로
먼 그대를 따라가면
우리 시대의 열망들은
오늘의 나를 경청하며
이 계절의 가장 낮고 우울한
긴장을 떠나보내는구나.

아직도 여울지고 있을까

소리 없이 날아와
그리움의 한마음
가지 끝에 걸어 두고
혹시나 서로를 잃을까 봐
수십여 성상 보고지고
언젠가
어렴풋이 하나가 될 영감에
정녕 가슴 아리어
두손 맞잡고 맹세한 그 사랑
어느덧 출렁이는 세월에
안 보이는 그림자 하나
별밤에 자꾸만 서西으로
눈 기울여도 보이지 않는 그대
지금도 어느 하늘에서
그리움으로 여울지고 있을까
나의 원앙아.

황량한 벌판에 서다·1 외 1편

홍경흠

나는 순순히 수갑을 찼다
졸업 파티가 끝난 한참 뒤 술병을 들고

빗장 걸린 문을 열지 못해
스스로 따귀를 올려붙였다
상처의 조각들은 옷소매를 적시고

세상엔 마른 바람이 불어
계면쩍게 웃다가 잊었던 눈물을 쏟으며
임을 향해 사시사철 뛰고 뛰어도
여전히 아득아득해
좌푯값을 구하지 못한 나, 나는 없다

아버지의 발자취를 더듬어 늦은 참회는 삐걱거리는 시공
오월의 청보리는 한창인데

한목숨, 푸른 하늘을 날 수 있을까.

황량한 벌판에 서다 · 2

이 길은 사막으로 난 길이다
저 모래 언덕 너머에는 오아시스가 없다는 거 누구나 다 안다
고운 밀가루 같지만 마구 흩날릴 때의 모래는 전갈의 독
모래늪에 빠진 몸만이 다시 부활의 뜻을 되새기고
상처의 두루마리 족보는 필사적으로 오아시스를 찾는다

몸이 가벼워지지 않는 것은
사막 언덕이 턱 버티고 서서 핏기를 조금씩 빼앗기 때문이다
삶의 속도는 0.1초씩 단축되고

최후 진술은 살아남기 위해 너의 세상을
내 몸으로 적시고 적셔
부서지지 않는 네 의자에 꽃으로 앉는 일이다
그러므로 가던 길을 멈출 수가 없다

대학 졸업생, 푸른 살갗에 검버섯 필까 두려워
저 너머의 너머까지 새까매도, 자세를 고쳐 앉아 온몸을 데운다
노래를 부를 수 없어 삭아 내리는 가슴
깊고 깊은 구멍 속으로 자꾸 빠져들어도
꿈이 동동대는 그렁한 눈빛은 태생지인 사막에 오아시스 세상을 세운다

시절마저 모래바람이 휘몰아치며 침묵으로 서 있어서

결핍의 소리가 난다, 나는 내가 될 수 있을까, 멍하고
시간이 튕겨 내도 생땀이 흐르도록 뛰어야 할 구부정한 몸
얼룩진 벽지에 곰팡이 냄새 퀴퀴한 지하방에서 라면을 먹는다.

벤치의 두 여인 외 1편

홍계숙

서울대 병원 벤치에서 만나
구급차 사이렌 소리 들으면
낯선 얼굴도 친구가 된다

난 햇빛 내리쬐는 양지가 좋아요
난 알러지 탓 서늘한 그늘이 좋아요

난 음식 익혀 먹어야 해요
난 날것으로 먹는 것을 더 좋아해요

환경, 나이, 체질,
각각 다른 두 사람,
잠시 벤치에 앉았다가
외길 동행하는구나

묵상 기도 후
하늘 바라보니
유월, 뜨거운 햇빛
슬며시 옆에 와 드러눕네.

한 남자

오늘도 그는 버스정류장 앞에서
불 밝힌 가로등처럼 서 있다

밤길,
늙어서
주름져서
괜찮다 해도
미소 짓는 얼굴로 서 있다

대한민국,
아니 내 인생에 최고의 남자
사랑을 노래하는 불변의 애처가
이곳, 김포 땅에 살고 있다.

어머니 외 1편

황 귀 옥

햇살에도 떨고 있는 색바랜 연이파리
물속에 꼬물대는 등 굽은 민물새우
무심히 내려다보며 울먹이는 세월아

지는 해 뉘엿뉘엿 정제된 침묵 속에
날 세운 가시기둥도 덧없이 허물어져
분홍꽃 팔랑이던 때 되돌리며 웃는다.

보고픈 봄날

봄볕에 모 심는 날 이웃집 모두 불러
무논에 황소 쟁기 써레질 철벅철벅
모 떼는 동네 아낙들 구부러진 아리랑

머리에 모밥 이고 나서던 논두렁길
아이도 강아지도 줄줄이 쫄랑쫄랑
잔칫집 상차림인 양 주린 배를 달랬지

집안에 들어앉아 논둑길 못 걷는 이
살뜰히 속정 챙겨 건네주던 모밥에
봄날의 그리움 되어 글썽이던 홍매화.

겸손의 회복 외 1편

황 정 옥

병실에 드러누워
한 며칠 붉은 코피 쏟았더니
안개같이 흘러간 내 삶이 보이더라

육혈 지속되어
기도했더니
그곳에 주님이 계시더라

길을 걸어도
한 사람은 돌아가고
한 생명은 돌아온다는 것을
깨닫게 하시더라

목숨 부지하여
병원문 나설 때쯤
뻣뻣한 목
부드러워지더라

마음의 평화가 그때부터 임하더라.

갈무리

바람의 이편에서 저편으로
흔들리며 지나온
세월의 길 모퉁이에선
서리꽃이 하얗게 피었다

무거운 등짐을
짊어지고 등 떠미는
모진 세월의 바람 속에서도
말없이 내미는 따스한 손길

밤하늘에 빛나는 별빛이
눈 내린 들판에서 반짝이고
살아 있어 아름다운 오늘
시리던 상처마저 그립다.

한국시인연대상 운영에 관한 세칙

1. 시상 일시
   본상은 매년 1회 5월에 시상하는 것을 원칙으로 한다.

2. 심사위원
   ① 본상의 심사위원은 5인 이내로 구성한다.
   ② 당해년도의 본 협회 회장단 및 사무국장은 심사위원이 될 수 없다.
   ③ 심사위원은 회장단과 사무국장의 협의를 거쳐 회장이 위촉하며 수상자 결정까지 그 명단을 공개하지 않는다.

3. 수상 후보자
   ① 수상 후보자는 문단 등단 10년 이상인 분으로서 심사 대상 기간 중 창작 시집을 간행한 분을 대상으로 한다.
   ② 본상을 수상했던 분은 다시 수상 후보자가 될 수 없다.

4. 수상 대상 기간
   기간은 각년도 1월부터 12월까지 1년 동안으로 한다.

5. 수상자 선정
   ① 수상자는 약간 명으로 한다.
   ② 수상자는 심사위원 전원의 합의에 의해 결정하며 합의되지 못할 때에는 다수결로 할 수 있다.

6. 시상
   수상자에게는 본협회 소정의 상품과 상패를 수여한다.

7. 기타
   본 세칙은 1993년도부터 시행한다.

(사)한국시인연대 제15대 임원

회　　장　박현조

고　　문　채규판　오칠선　장현기
　　　　　정순영　이진석　우성영
　　　　　최홍규

부 회 장　이근모　이명우　홍계숙

중앙위원　박건웅

이　　사　공정식　박연희　박영숙
　　　　　안숙자　오낙율　이한식

한강의 설화

초판발행/ 2020년 3월 30일
지은이/ (사)한국시인연대 박현조 외
펴낸이/ 김명덕
펴낸곳/ 한강출판사
홈페이지/ www.mhspace.co.kr
등록/ 1988년 1월 15일(제8-39호)
주소/ 서울시 종로구 우정국로 40-1, 4층(견지동)
전화 02) 735-4257, 734-4283 팩스 02) 739-4285

값 38,000원

ISBN 978-89-5794-438-7 03810

※저자와의 협약에 의해 인지는 생략합니다.